『江戸名所図会』でたずねる多摩

重信秀年

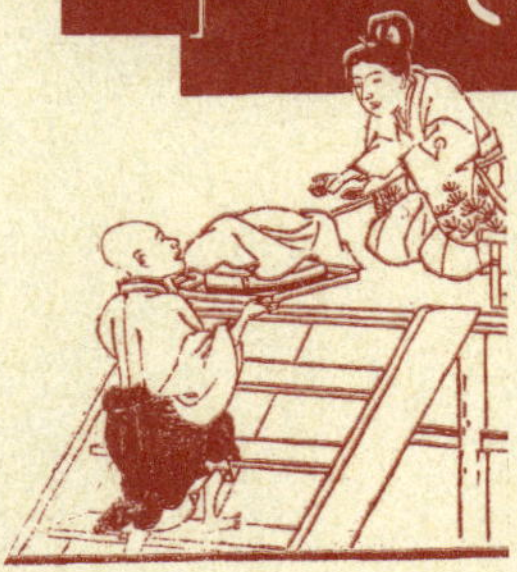

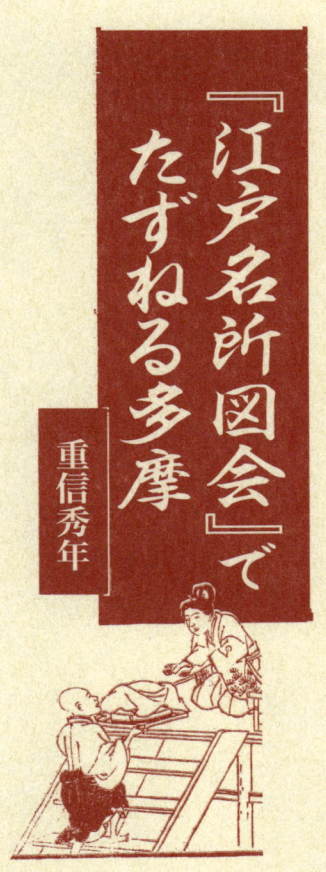

『江戸名所図会』でたずねる多摩

重信秀年

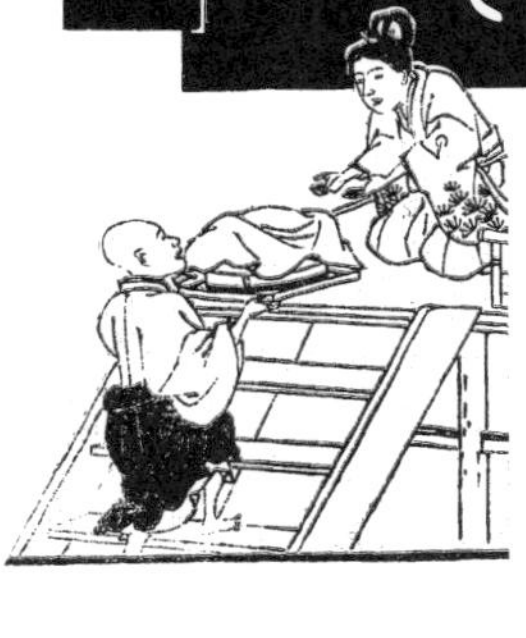

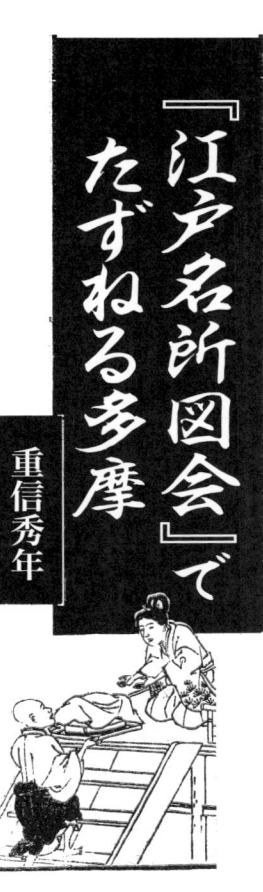

本書で紹介する「江戸名所図会《えどめいしょずえ》」に描かれた名所

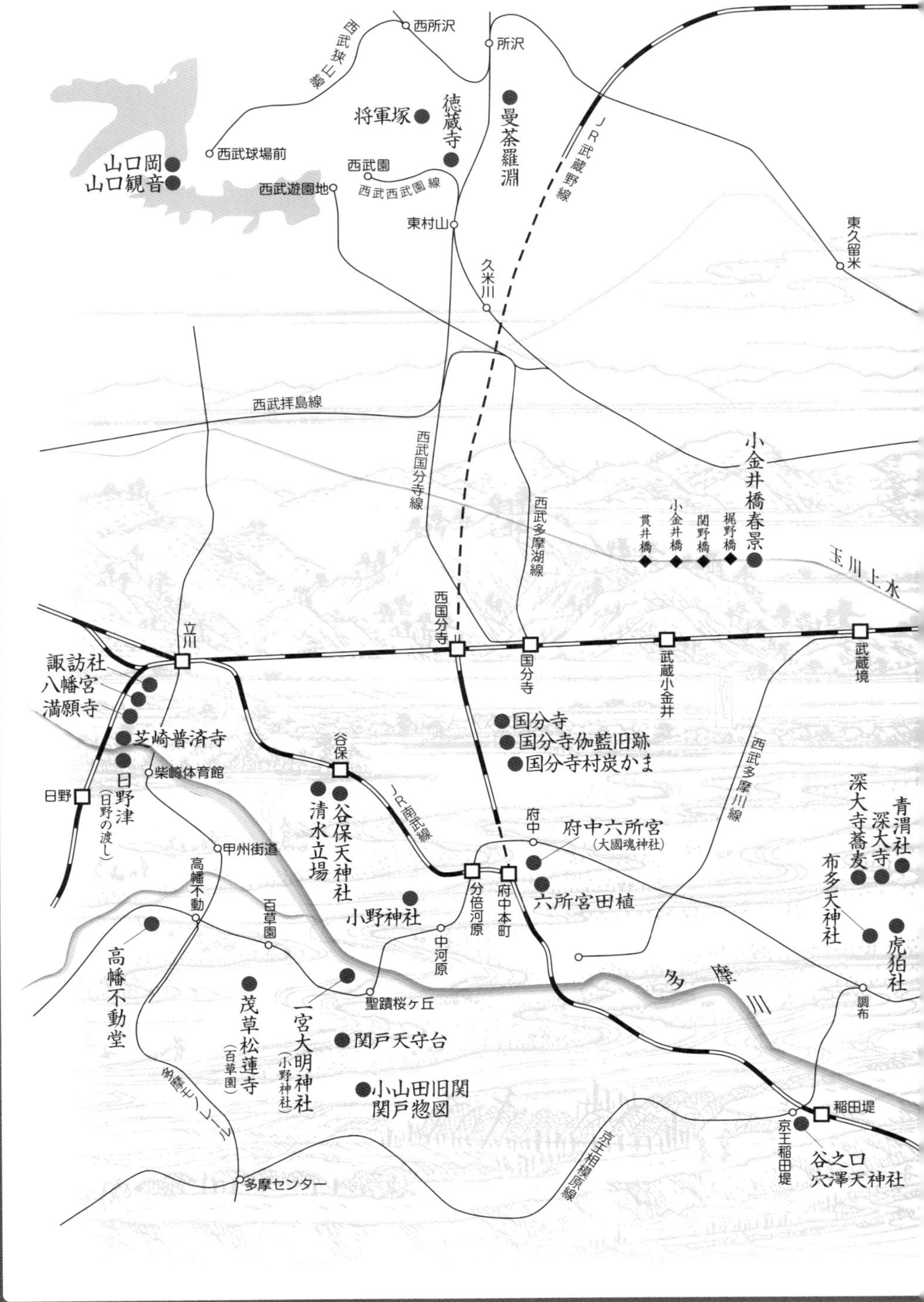

西所沢
所沢
西武狭山線
将軍塚
徳蔵寺
曼荼羅淵
JR武蔵野線
西武球場前
山口岡
山口観音
西武園
西武西武園線
西武遊園地
東村山
東久留米
久米川
西武拝島線
西武国分寺線
西武多摩湖線
小金井橋春景
貫井橋
小金井橋
関野橋
梶野橋
玉川上水
立川
西国分寺
国分寺
武蔵小金井
武蔵境
諏訪社
八幡宮
満願寺
芝崎普済寺
日野津
(日野の渡し)
日野
柴崎体育館
谷保
国分寺
国分寺伽藍旧跡
国分寺村炭かま
西武多摩川線
清水立場
谷保天神社
JR南武線
府中
府中六所宮
(大國魂神社)
深大寺蕎麦
深大寺
青渭社
布多天神社
虎狛社
甲州街道
高幡不動
分倍河原
府中本町
六所宮田植
小野神社
百草園
中河原
高幡不動堂
茂草松蓮寺
(百草園)
一宮大明神社
(小野神社)
聖蹟桜ヶ丘
多摩川
調布
関戸天守台
小山田旧関
関戸惣図
多摩モノレール
京王相模原線
京王稲田堤
稲田堤
谷之口
穴澤天神社
多摩センター

はじめに

澄んだ水の流れる川岸を歩き、雑木林の木もれ日の道を行く。欅《けやき》の木立の奥に見える農家の庭に花が咲いている。多摩の野山や町並みを歩くのは気分の良いものだが、訪れた土地の歴史や立ち寄った社寺の由来が少しだけでもわかると、散策はより楽しく充実する。江戸の町には、平安時代後期に江戸氏の館、室町時代中期に太田道灌《どうかん》の城があった。しかし、都市として発展するのは、天正十八年（一五九〇）、徳川家康が入府し、慶長八年（一六〇三）に幕府を開いて以降のこと。一方、多摩地域の歴史は、ずっと古く、古代には府中市に武蔵国府、国分寺市に武蔵国分寺があった。中世には東村山市から多摩市にかけて鎌倉街道が通っていたこともあり、源義家《よしいえ》、新田義貞《にったよしさだ》、武蔵七党《しちとう》など数多くの武将に関する史実や伝説とともに、ゆかりのある神社、古刹、古戦場、城跡などが点在している。

道灌の城跡をはじめ、江戸の中心部にあった中世以前の史跡は、百万都市の大城下町の開発の波に飲み込まれ消えていった。しかし、多摩は甲州街道沿いに府中や八王子が宿場町として栄えたほかは農村だったため、古代・中世の史跡の多くが保たれた。玉川上水の開削《かいさく》や新田開拓は行われたが、それは小金井の桜並木など新たな名所づくりにつながった。

太平の世が続くと、江戸の町では武士も庶民も四季折々の花見や祭、寺の秘仏の開帳などに出かけることが盛んになる。好奇心旺盛で風流を好む者は、小金井の桜や武蔵野の月、府中六所宮《ろくしょのみや》（大國魂神社）の祭礼などを見物するため、郊外に足を延ばすようになり、多摩の紀行文や地誌が、いくつも書かれた。天保五年（一八三四）と同七年（一八三六）に神田の町名主《まちなぬし》、斎藤幸成《ゆきなり》（号は月岑《げっしん》）が刊行した『江戸名所図会』は、その集大成といえる。『江戸名所図会《えどめいしょずえ》』の特徴は、掲載する範囲を郊外に拡大し、特に西郊の多摩の名所を数多く採り上げていることと、絵師の長谷川雪旦《せったん》が描いた挿絵の素晴らしさだ。雪旦の絵は芸術的に優れているだけでなく、当時の風景、建物、行事、風俗、服装、労働や余暇の様子などを詳細に描き、江戸時代の人々の暮らしを眼前によみがえらせてくれる。

雪旦の挿絵や浮世絵師の広重の風景画を見ると、自然の美だけをモチーフにしたものは稀で、ほとんどの絵に建物や橋や道などの構造物と人の姿が描かれていることに気づく。江戸時代の人々は、人間の営みと自然が調和した景観を理想とし、名所と呼んでいたのだ。

本書で取り上げた名所旧跡のなかには、明治初期の廃仏毀釈《はいぶつきしゃく》や近代の都市化の進行で消えてしまったものもあるが、多くは現存しており、失われた名所も現地を訪れてみると、地形や地名は変わらず、往時を追懐できる。

ここで紹介するのは新宿以西の名所である。初めに解説文、次に挿絵の順で掲載した。雪旦の挿絵のように遠くの山々を見渡せるよく晴れた日、本書を片手に、江戸時代の多摩をたずねる旅に出かけてみてはいかがだろう。

なお、『江戸名所図会』および江戸時代以前の文献の引用にあたり、読みやすさを考慮して、句読点の追加や説明の補足など、加筆を施していることをご了承ください。

目次

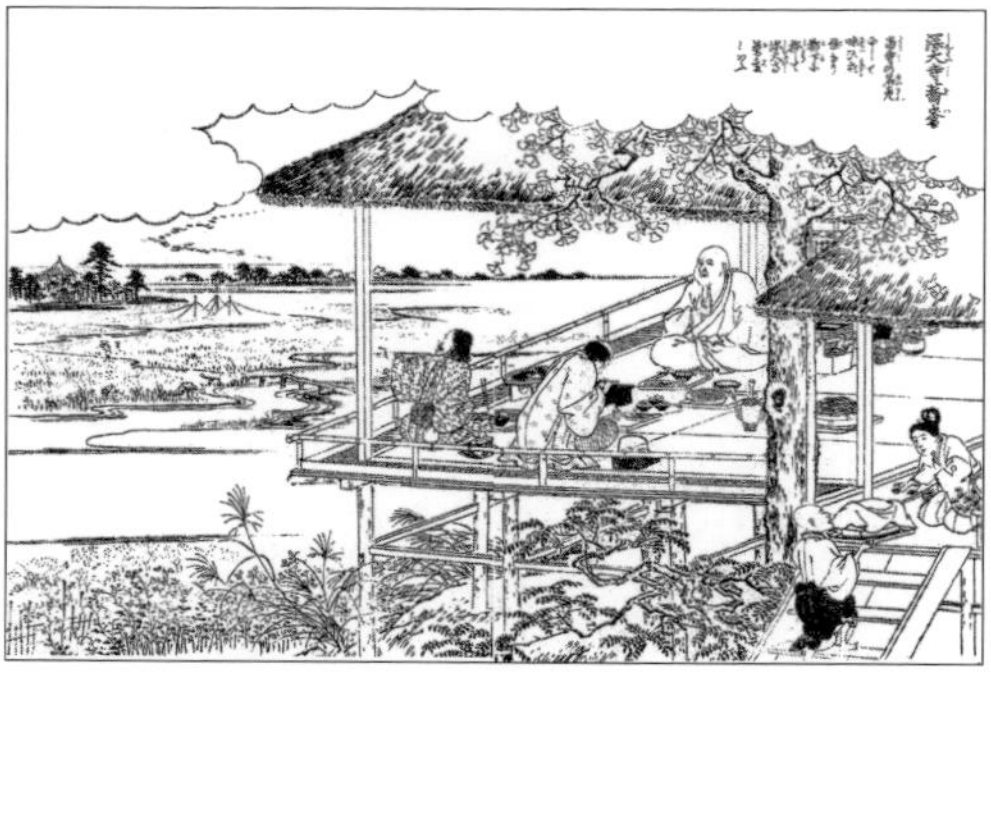

京王・小田急沿線

ＪＲ中央沿線

井の頭弁財天

新宿通りの四谷四丁目交差点

四《よつ》谷《や》大《おお》木《き》戸《ど》

甲州街道の江戸の玄関口

【新宿区四谷四丁目・内藤町付近】

両側から高い石垣が迫り出した道をさまざまな人々が行き交う。駕籠《かご》に乗る人、担ぐ人、馬の口をとらえて歩く人。遠方に旅立つのか、菅笠《すげがさ》を被り、供を連れている男の姿もある。向かいからは、挟箱《はさみばこ》持ちと長刀《なぎなた》持ちに先導されて武家の乗物がやって来る。描かれた場所は甲州街道の四谷大木戸。現在の新宿通り四谷四丁目交差点だ。石垣の右は内藤新宿、左は江戸城外堀の四谷御門（四谷見附《みつけ》）を経て麹町《こうじ》から内堀の半蔵《はんぞう》御門に続いていた。

甲州街道は、江戸から武蔵国多摩郡《むさしのくにたまごおり》を通り、甲斐国《かいのくに》の甲府を経て、信濃国《しなののくに》の下諏訪《しもすわ》宿で中山《なかせん》道《どう》と合流した。近世以前から古い街道があったようだが、幹線道路として整備されたのは、徳川家康が江戸に入府して以降のこと。有事の際、江戸城の将軍を甲府城に退避させるためだったのではないかという。当初、「甲州海道」と書いたが、享保元年（一七一六）、幕府は海沿いの道ではないことを理由に名称を「甲州道中《どうちゅう》」に改めた。しかし、「甲州街道」という表記も一般に使用され、『江戸名所図会』は各所で甲州街道と記している。

五街道のほかの道と同様、甲州街道も日本橋を起点としていた。日本橋から西に旅立つには、まず江戸城を迂回しなければならない。内堀の日比谷濠《ぼり》、桜田濠に沿って城の南をぐるりと回り、半蔵御門の前で左折して、ようやく西に進路を取り、四谷大木戸を抜け、多摩・甲州に向

玉川上水の石樋を使用した四谷大木戸跡碑

かった。そのため、四谷大木戸が、甲州街道の起点とされることがしばしばあった。幕府の道中奉行所が作成した『五海道《ごかいどう》其外《そのほか》分間《ぶんけん》見取延絵図《みとりのべえず》』でも甲州道中の絵図は、四谷大木戸から始まっている。江戸を発つ人だけでなく、甲州や多摩から街道をやって来た人々もまた、内藤新宿や四谷大木戸まで来たとき、繁華な家並みに江戸に着いたことを実感したであろう。

　大木戸といいながら、この絵のどこにも木戸のようなものは描かれていない。実は、木戸は既に取り払われていたのである。四谷大木戸は、街道を往来する人を取り締まる目的で、元和二年（一六一六）に設けられたというが、寛永十三年（一六三六）に四谷御門ができると、荷駄の手形を調べる馬改《うまあらため》番屋になり、それも寛政四年（一七九二）に廃止された。しかし、その後も人々は、ここを四谷大木戸と呼び、甲州街道の江戸の出入口と見なしてきたのである。

　道に沿って流れている水は、四代将軍家綱《いえつな》のとき、江戸の町民とも多摩の農民ともいう庄右衛門と清右衛門の兄弟が、工事を請け負って完成させた玉川上水。多摩川上流の羽村堰《はむらぜき》で取水した水を四谷大木戸まで開渠《かいきょ》で流し、ここからは埋設した石樋《せきひ》や木樋《もくひ》で江戸市中の上水井戸に送った。羽村から江戸まで武蔵野台地を開削し、自然流下で通水したのだから大した技術力だ。江戸っ子が、この水道の水を自慢したというのも頷ける。まれに、上水井戸に多摩川の魚が紛れ込むことがあったのか、「ありがたさまさか井戸で鮎《あゆ》を汲み」という川柳が残っている。

　石垣前の立札には「開帳《かいちょう》」とあり、各寺の秘仏の公開を知らせている。桶《おけ》をつけた三頭の馬は、江戸の武家屋敷や町家で汲みとった糞尿を肥料にするため、郊外の農村に運んで行くのだろう。右手奥の赤ん坊を抱えた女が乗っているのは、庶民が利用した四《よ》つ手《て》駕籠。子どものために買ったのか、屋根に載っている風車が微笑ましい。

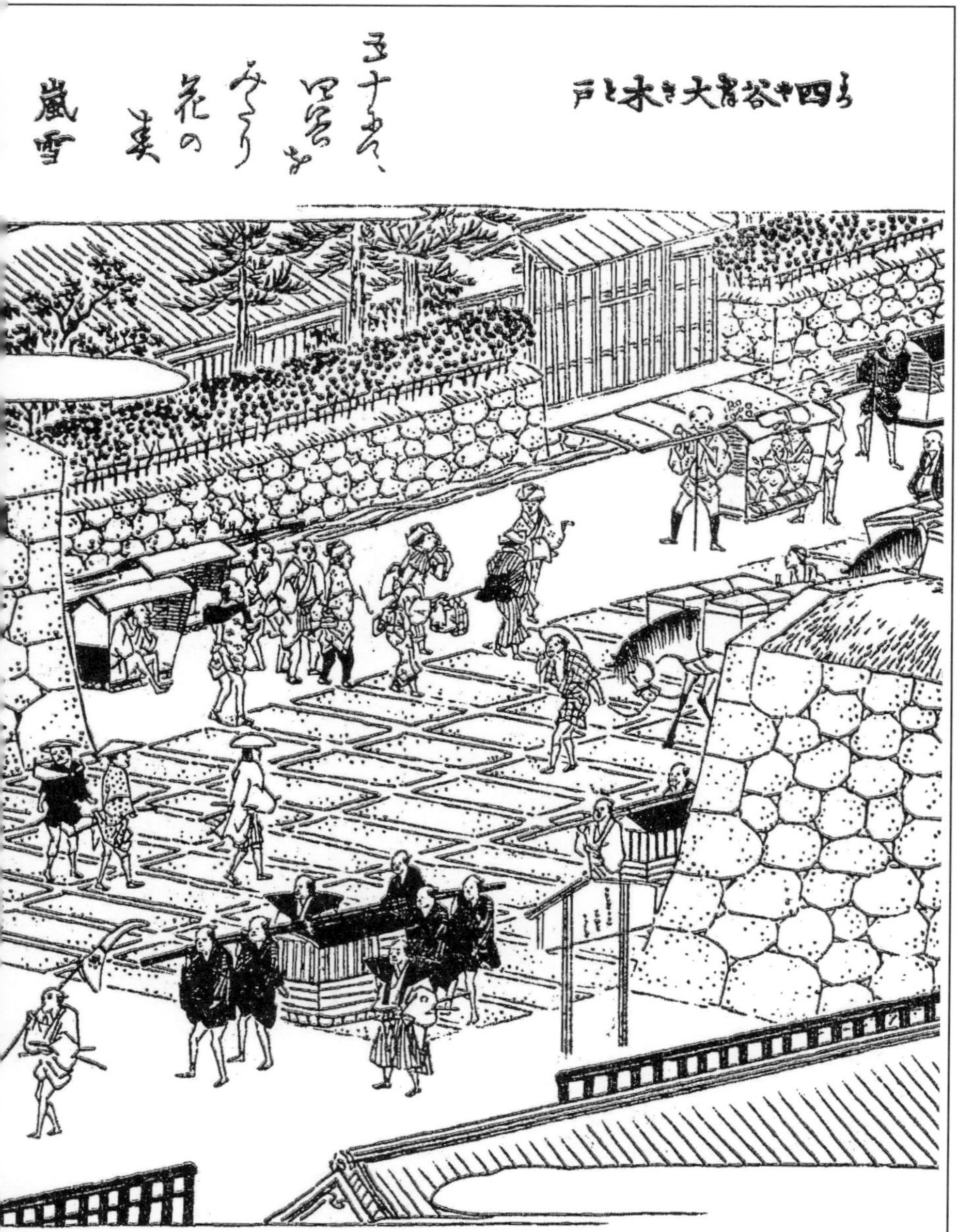

四谷大木戸　五十にて四谷をみたり花の春　嵐雪

四谷内藤新駅《ないとうしんじゅく》

物流と遊女で栄えた宿場

【新宿区新宿一〜三丁目付】

新宿三丁目交差点には「ここが追分」と記された道標がある

新駅と書いて「しんじゅく」と仮名を振っている。駅は宿駅《しゅくえき》のことで、宿場の古い言い方だ。内藤新宿は、甲州街道の日本橋から最初の宿場。東海道の品川、中山道の板橋、日光・奥州街道の千住《せんじゅ》とともに「江戸四宿」のひとつとして栄えた。四谷大木戸側から下町《しもちょう》、仲町《なかちょう》、上町《かみちょう》の三つに分かれ、太宗寺《たいそうじ》門前の仲町が宿場の中心で、人馬の継ぎ立てを行う問屋場《といやば》があった。上町には甲州街道と青梅《おうめ》街道の分岐（新宿三丁目交差点）があり、追分《おいわけ》と呼ばれた。

それにしても賑やかな絵である。向かいは「和国屋」という旅籠《はたご》屋、手前は味噌《みそ》の卸《おろし》屋。その間を振り分け荷物の旅人や大きな荷を担いだ人足が往来し、門付《かどづ》けが回り、路上で馬の荷の積み下ろしはもちろん、餅つきまでやっている。人々の喧騒が聞こえてくるようだ。

俳聖松尾芭蕉の作として「節季候《せきぞろ》の来ては風雅を師走かな」の句が添えられていることから、年末の風景だとわかる。節季候は、十二月になると町を回った門付けの芸人。画面中央で太鼓を叩き、二本のささらを打ち合わせ、お多福の面を付けて踊っている者たちだ。江戸時代の風俗解説書『守貞謾稿《もりさだまんこう》』によると「せきぞろござれや、ハア、せきぞろめでたひ」と祝言を述べ、銭を乞うた。編笠を被って三味線を弾く女太夫（鳥追《とりおい》）も節季候の一行に加わっている。彼らの後ろを子どもが付いて回り、犬が吠える。その隣では、天秤棒を担いで売り歩く棒手振《ぼてふ》りの

内藤家の屋敷の面影をとどめる新宿御苑の玉藻池

魚屋が蛸《たこ》や魚を客に勧めている。節季候を見て笑っている女たちは、飯盛《めしもり》女や飯売《めしうり》女と呼ばれた宿場女郎のようだ。旅籠の中では、鏡《かがみ》磨《と》ぎの職人が女たちの柄鏡を集めて仕事に精を出す。

内藤新宿の地名は、譜代大名の内藤家に由来する。内藤清成《きよなり》は、家康から「馬で一息に回れるだけの土地を与える」と告げられ、駿馬で駆けて、東は四谷、西は代々木、南は千駄ケ谷、北は大久保に及ぶ広大な土地を拝領したと伝えられている。三万石程度の大名にしてはあまりに広すぎるため、かなりの部分を返上し、残った土地が四谷の屋敷（新宿御苑）になったらしい。その頃から四谷大木戸と追分の間に宿場のような集落があり、内藤宿と呼ばれたという。

日本橋から甲州街道の第一宿の高井戸までおよそ四里あり、遠くて不便なことに目をつけた浅草の町人（『江戸名所図会』では地元の人）が、元禄十年（一六九七）、この地に宿場の設置を幕府に願い出た。翌年、許可が下り、内藤家屋敷の北側部分が上地《あげち》され、内藤新宿として公式に開設された。享保三年（一七一八）から五〇数年ほど宿場が廃止になったこともあったが、再開後は以前にも増して繁盛した。

追分で甲州街道と分かれる青梅街道は、江戸時代の初期、青梅の成木《なりき》村や小曾木《おそき》村で取れた石灰（漆喰《しっくい》）を江戸城の白壁に使うため、関東代官頭の大久保長安《ながやす》が整備した。やがて石灰の輸送は舟運になり、替わって青梅の織物や多摩の薪炭、農産物を江戸に運ぶ道になった。

この挿絵にも荷を運ぶ馬が描かれているが、内藤新宿は多摩や甲州の産物の集散地だったのだ。浮世絵師の歌川広重は『名所江戸百景』のひとつに内藤新宿を選び、大きな馬の尻と馬糞を描いた。江戸で流行した俗謡の潮来《いたこ》節をもじって「四谷新宿馬糞《まぐそ》の中にあやめ咲く」と歌われた内藤新宿は、物流と遊女で繁栄したのである。

四谷内藤新駅　節季候の来ては風雅を師走かな　芭蕉

角筈村《つのはずむら》熊野十二所権現《じゅうにしょごんげん》社

池のほとりに並ぶ納涼床

【新宿区西新宿二丁目付近】

新宿駅西口にそびえる超高層ビル群の中でも、ひと際高い東京都本庁舎の西隣にある新宿中央公園。新宿区立の公園で最も広いその公園と同じ街区の一角に、熊野神社がある。挿絵の「角筈《つのはず》村熊野十二所権現社」だ。説明書きに「世人、誤《あやまつ》て十二そうといふ。多景にして遊観多し」とある。「じゅうにしょ」と呼ぶのが正しく、「じゅうにそう」はその訛《なま》りとのことだが、「じゅうにそう」の方が流布して後世に伝わり、今も神社の脇を通る道路「十二社通り」や最寄りのバス停「十二社池の下」は、「じゅうにそう」と読む。十二社は十二所権現を意味している。

この絵は、十二所権現社を西側から俯瞰で描いている。手前に広がっている茫漠とした空間は、池の水面だ。かつて、十二社には大小二つの池があり、大池の方は、昭和四十年代に埋め立てられるまで、十二社通りの西側（西新宿四丁目）に存在した。

湖畔の二階家は、料理茶屋であろう。右手の岸には、水の上に床を張り出した葭簀《よしず》掛けの涼しげな小屋がいくつも並ぶ。左上に小さく見える家並みは、内藤新宿だ。

角筈村は、内藤新宿の西に位置する農村。村の南を甲州街道、北を青梅街道が通り、甲州街道沿いには玉川上水、村の北西部には神田上水が流れていた。江戸御府内《ごふない》の境にある村で、館林《たてばやし》藩秋元家や高須《たかす》藩松平家など大名の抱《かかえ》屋敷（幕府から拝領した屋敷地ではなく、農民から

熊野神社の最寄りのバス停「十二社池の下」

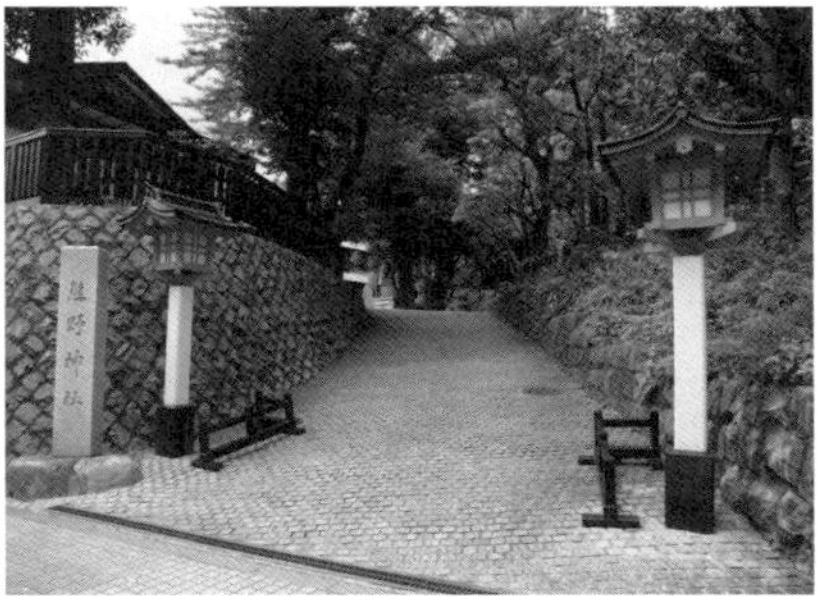

熊野神社の参道

購入や借りた屋敷地）になっている場所も多かった。

熊野神社は、室町時代、紀州出身で角筈村の隣の本郷村（中野区本町周辺）に移住した鈴木九郎という者が、郷里の熊野三山の、若一王子《にゃくいちおうじ》の宮を祀ったことに始まるという。九郎は、田畑を開拓し、馬の売買で生計を立てていたが、家運隆盛し、中野長者《ちょうじゃ》と呼ばれるほど裕福になったため、熊野十二所権現をすべて勧請した。

一時期、荒廃したこともあったが、江戸時代になると、中野の成願寺《じょうがんじ》（中野長者の住居跡・墓所と伝えられている）が別当寺《べっとうじ》（神社を管理する寺）を務め、幕府による社殿の修復が行われ、八代将軍吉宗は、鷹狩りの途次に参拝した。

次第に、江戸の人々の間で、十二社の池の景色の美しさが知れ渡り、文人墨客をはじめ庶民が訪れるようになった。特に夏の池畔は涼しく、江戸西郊の人気行楽地となり、この池の納涼風景は、広重の『名所江戸百景』など浮世絵にも描かれた。

境内と周辺に、大小いくつかの滝があったことも魅力だった。なかでも「熊野滝」は有名で、『江戸名所図会』の挿絵にも描かれている。熊野滝は、玉川上水の水を神田上水に送る助水堀《じょすいぼり》の水が、社殿の北東の崖で落ちてできた、いわば人工の滝だが、水量豊富で迫力があり、名所になった。境内には、湧水による小さな滝もあり、当時の浮世絵を見ると、滝の水に打たれたり、池で泳いだりする者もいた。しかし、風光明媚な行楽地とはいえ、夜は寂しい場所だったのだろう。十二社の池には、中野長者の娘が蛇身になって棲んだという伝説もあった。

明治以降、十二社の池畔は料亭や茶屋が軒を連ね、芸妓が宴席にはべり、風景の美しさよりも歓楽街として賑わうようになったが、現在はその面影もない。

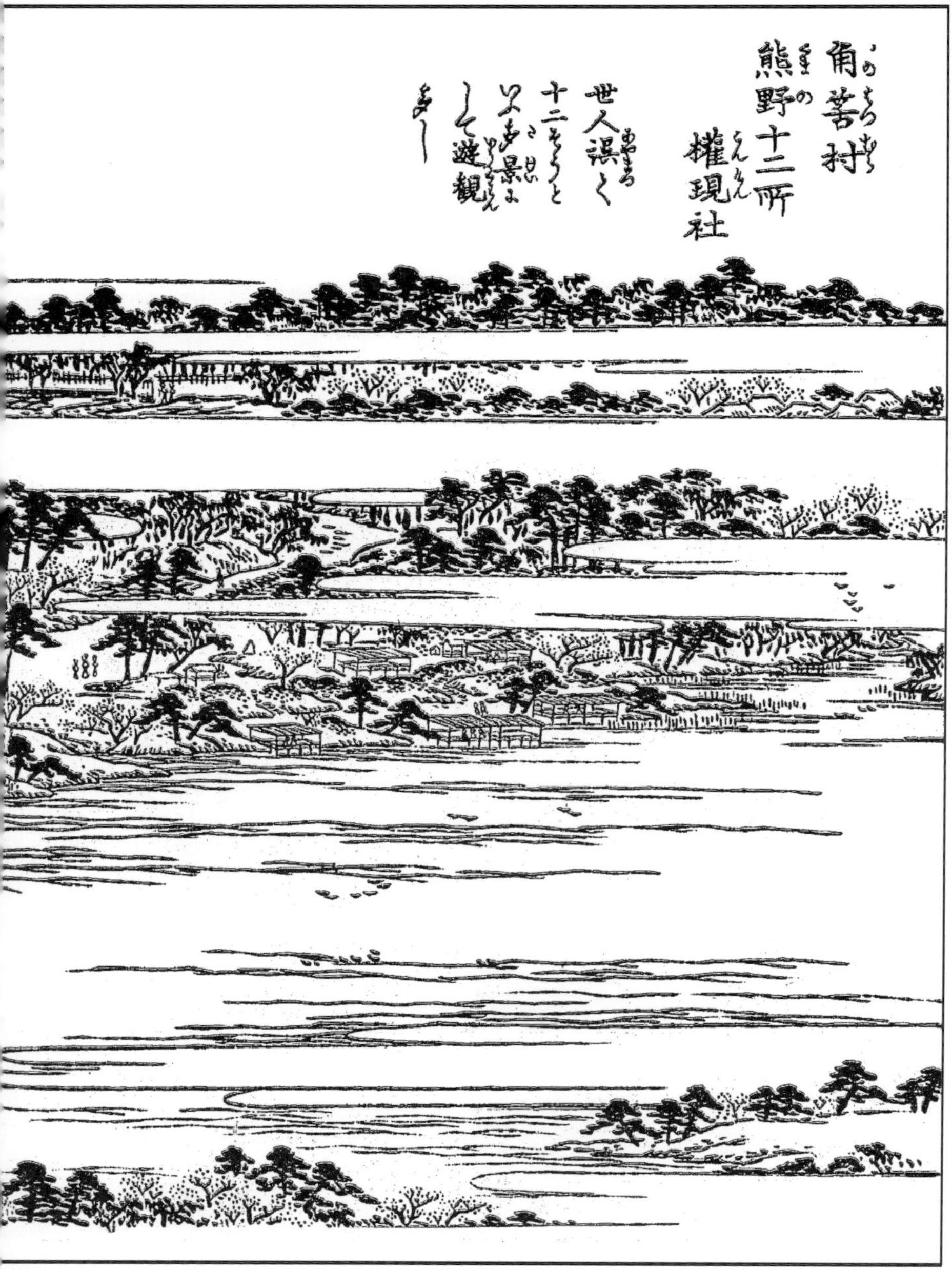

角筈村熊野十二所権現社　世人誤て十二そうといふ　多景にして遊観多し

淀橋水車《よどばしみずくるま》

将軍の命名と伝えられる淀橋

【新宿区西新宿五丁目・中野区本町一丁目付近】

淀橋の下を流れる神田川

田畑に囲まれた茅葺《かやぶ》き屋根の集落を川が滔々《とうとう》と流れている。木橋の架かった道を馬に乗った人が行き、駕籠《かご》が行き、天秤棒を担いだ小商人も行く。杖をついて歩む旅人もいれば、茶屋でくつろぐ人の姿も見える。画題の水車は、画面左手前の小屋にあり、水の流れを利用して、穀物を搗《つ》いたり、挽《ひ》いたり。まるで昔話の舞台のような風景だ。

流れている川は神田上水、橋は淀橋、道は青梅街道である。「淀ばしは、成子《なるこ》と中野との間にわたせり」と説明がある。成子は豊島郡《としまごおり》、中野は多摩郡で、淀橋は郡の境界に架かる橋だった。成子には茶屋が並び、堀の内の妙法寺《みょうほうじ》に参詣する人などが休憩に利用した。淀橋の西の中野は、青梅の成木《なりき》の石灰を江戸に送るため青梅街道が造られたとき、継立場《つぎたてば》として整備された。

淀橋の名の由来には、いくつかの説がある。『江戸名所図会』の「淀橋」の項には「昔、大将軍家、このところに御放鷹《ごほうよう》の頃、山城《やましろ》の淀《よど》に準擬《なぞら》へ、この橋を淀橋と唱ふべき旨上意あり」とある。『江戸砂子』には「寛永の頃、御鷹狩りの節、淀橋と改むべしと上意あり」とあるから、その将軍は三代家光であろう。一方、『武蔵名勝図会』には、享保の頃、将軍が中野の桃林を訪れたとき水車を見て名付けたとあり、八代将軍吉宗の命名としている。そのほか、中野、本郷、角筈《つのはず》、柏木の四つの村の境を意味する「四所《よところ》橋」が変化した、あるいは当初は「余戸《よど》橋」とい

親柱に「淀橋」の名が刻まれている

ったなど諸説あり定まらない。また、中野長者（19頁参照）の伝説に絡む伝承もある。長者が下男を連れて財宝を隠しに行き、秘密を守るため下男を殺したというもので、この橋を渡った男の姿を見なくなったため、「姿見ずの橋」の別名があったともいう。

成子は真桑瓜《まくわうり》の産地として知られていた。真桑瓜は大陸から伝来したメロンの一種で古くから日本で栽培されてきた。甜瓜《てんか》、甘瓜《あまうり》、味瓜《あじうり》ともいい、爽やかな甘味があるため、昭和三十年代にプリンスメロン（真桑瓜と南欧系メロンの交配種）が登場するまで、夏の味覚として人気があった。とくに砂糖菓子や果物が貴重だった江戸時代、甘い真桑瓜は喜ばれた。江戸に入府した徳川家康は、真桑瓜の本場、美濃国真桑村（岐阜県本巣市）から農民を呼び寄せ、成子と府中に御用畑を設けて栽培、上納させた。成子の瓜は「鳴子《なるこ》瓜」と呼ばれて珍重された。江戸時代の植物図鑑『本草図譜《ほんぞうずふ》』は「江戸にては四ツ谷鳴子村にて作るもの上品なり。（中略）これを食《くらへ》ば香美《こうび》甚《はなは》だ甜《あま》し」（巻之七一）と、鳴子瓜を絶賛している。

絵に見るような鄙びた淀橋周辺だったが、幕末には、時代の潮流と無関係ではいられなくなる。嘉永六年（一八五三）六月、ペリーが浦賀に来航すると、幕府は軍備増強のため、江戸近郊各所の水車を鉄砲の火薬製造の動力として使うことにした。しかし、火薬の知識がない農民に作業させたため、爆発事故が多発。なかでも安政元年（一八五四）に起きた淀橋水車の爆発は規模が大きかった。江戸の歴史を記した『武江《ぶこう》年表』によると、淀橋周辺が火事になっただけでなく、「此響にて、近辺より角筈村・本郷村・中野村等、人家傾き、或は潰れ、倉庫も破壊し、大木も傾きたり。家屋蕭疎《まばら》な所なれども、怪瑕《けが》人五十余輩《よはい》あり」という惨状だった。黒船の来航は、江戸郊外の農村にも大きな影響を与えたのである。

淀橋水車　淀ばしは成子と中野との間にわたせり　大橋小橋ありて橋より此方に水車回転る　故に山城の淀川に準へて淀橋と名付へき旨台命ありしより名とすといへり　大橋の下を流るは神田の上水堀なり

淀《よど》橋《ばし》水《すい》車《しゃ》

大久保《おおくぼ》の映山紅《きりしま》

紅に染まるツツジ園

【新宿区百人町一～三丁目付近】

時は春、どこかの大名のお姫様と御殿女中が、陽気に誘われて行楽にやって来た。辺り一面、燃えるように鮮やかな紅色のキリシマツツジの花盛り。この挿絵が多色刷りの錦絵《にしきえ》だったなら、さぞかし華やかな景色だろうと惜しまれる。日傘を差しかけられている高島田の髷《まげ》に振袖の若い女がお姫様。先頭に立つ眉のない婦人は、その貫禄から見て、奥女中をまとめる局《つぼね》だろうか。毛氈《もうせん》を敷いた縁台の手前に、茶坊主が控えている。傍らにあるのは、茶道具を入れた茶弁当で、風炉《ふろ》釜や水差しが納められている。縁台の向こうの武士は、畏まった態度で姫たちに着座を勧めているが、肩衣《かたぎぬ》と袴《はかま》の生地が異なる平服の継裃《つぎがみしも》を着ていることは、儀式張った場ではなく、今回の外出をみんな寛いで楽しんでいるのだ。武士の隣には、少女が二人。頭の上で髪を二つの輪にした稚児髷《ちごまげ》の少女が抱えているのは、蒔絵《まきえ》が施された豪華な煙草盆だ。

説明文の冒頭に「大久保の映山紅《きりしま》は、弥生《やよい》の末を盛りとす」とある。場所は、現在の新宿区百人町《ひゃくにんちょう》、JR中央線大久保駅と山手線新大久保駅の周辺である。映山紅と書いて「きりしま」と読んでいる。江戸時代の百科事典『和漢三才図会』にも、映山紅は「きりしま、紅躑躅《つつじ》」とある。きりしまは、九州に自生するヤマツツジとミヤマキリシマを交配してつくった園芸種のキリシマツツジ（霧島躑躅）のことで、上方《かみがた》を経由して江戸に伝わったとされる。

百人町の町名は鉄砲百人組に由来

鉄砲百人組の隊士が信仰した皆中稲荷神社

江戸時代、大久保には「百人組同心《どうしん》大縄地《おおなわち》」という鉄砲百人組の組屋敷（大縄地）があった。組屋敷は、同じ組に属す下級武士にまとめて与えられた屋敷地のことで、鉄砲を扱う同心一〇〇人が一組になっていたため百人組といった。百人組には、伊賀《いが》組、甲賀《こうが》組、根来《ねごろ》組、二十五騎の四組があり、徳川家康は、家臣の内藤清成《きよなり》に伊賀組を率いさせ、慶長七年（一六〇二）、中野で鷹狩りを行った際、清成の求めに応じて、大久保に百人組の組屋敷を与えたという。

鉄砲百人組は、江戸城大手三之門を警固し、将軍が寛永寺や増上寺に参詣する際の警備を担当したが、同心の禄高《ろくだか》は三〇俵《ぴょう》二人扶持《ぶち》と少なく、屋敷の庭を耕し、内職で生計を補った。

太平の世が続くと、江戸では園芸が大流行。草花や植木の栽培を楽しむ人が増えた。そこで、大久保の同心たちは、屋敷の庭でツツジを増やして売ることにした。やがて、ツツジが茂って花園のようになる屋敷も現れ、花の時期に見物客が大勢訪れるようになった。

文政十年（一八二七）刊行の『江戸名所花暦』は「躑躅、きりしま、さつき」の名所に大久保百人町をあげ、「就中《なかんずく》組屋敷を北のかたへ出《いづ》る門より二、三軒手まへ右のかた、飯島氏《いいじまうじ》の園中に多し。殊に勝れたる映山紅《つつじ》の大樹あり。この花、八十八夜の頃盛なり」と記している。なかでも飯島家の屋敷の美しさは名高く、「諸侯大夫の室をはじめ、士庶民にいたるまで」（十方庵《じっぽうあん》敬順《けいじゅん》『遊歴雑記《ゆうれきざっき》』）訪れたという。それが、この挿絵のお姫様たちである。

現在、晩春の百人町を歩いてもツツジの花を見かけることは少ないが、この絵を彷彿とさせる風景が群馬県にある。館林市の「つつじが岡公園」には、人の背よりも高くなったツツジの古木が群生し、花の季節には城沼の岸の丘が、朱や紅や紫に染まる。同公園には、大正初期に大久保から移植されたキリシマツツジ（江戸霧島）も大株となって茂っている。

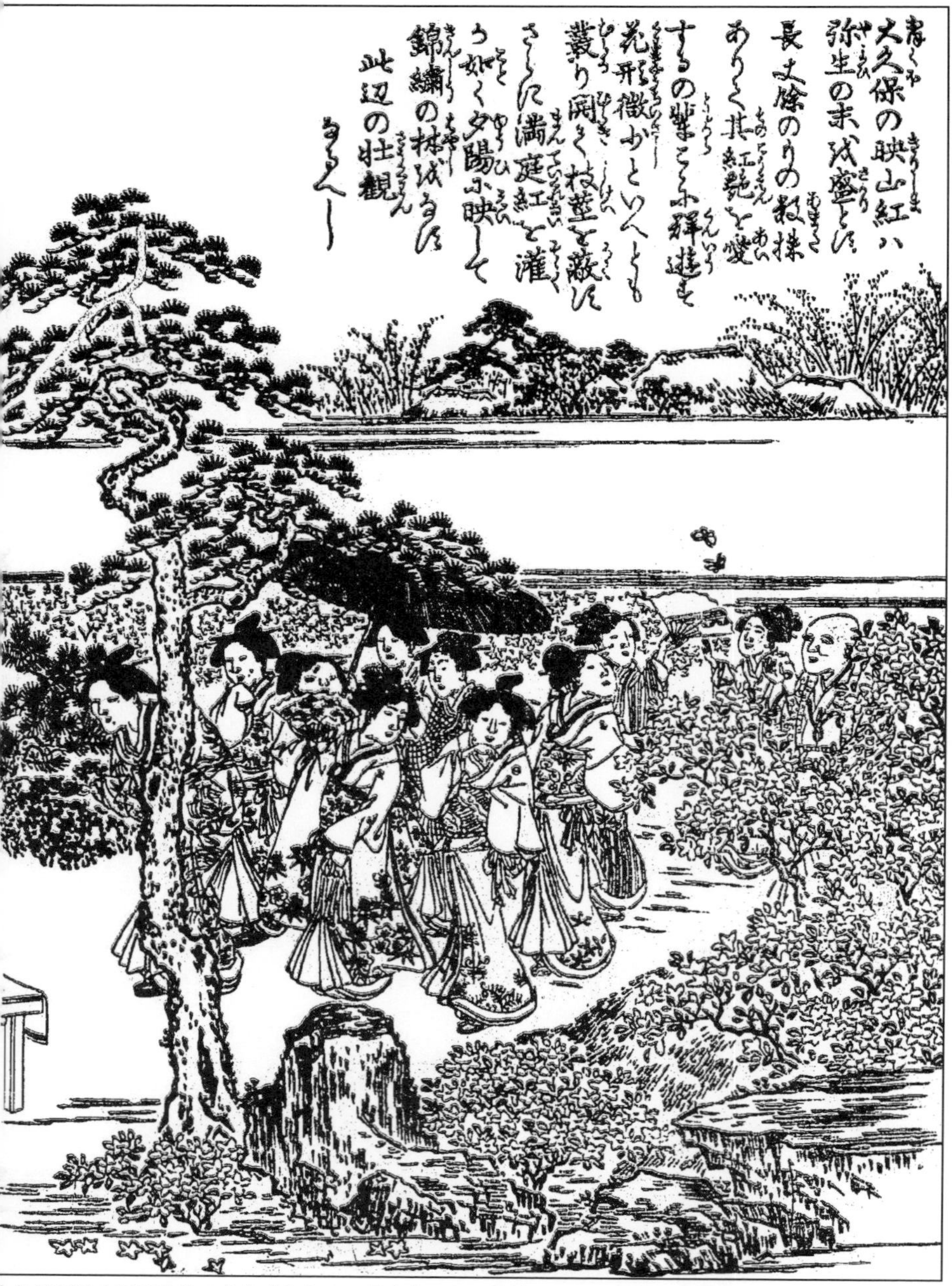

大久保の映山紅は弥生の末を盛りとす　長丈余のもの数株ありて其紅艶を愛する輩ここに群遊す　花形微少といへども叢り開て枝茎を蔽す　さらに満庭紅を潅が如く夕陽に映して錦繍の林をなす　此辺の壮観なるべし

桃園春興《ももぞのしゅんきょう》

江戸の桃源郷で遊ぶ庶民

【中野区中野一～三丁目・中央二～五丁目付近】

大久保のツツジ見物は武家の御殿女中の一行だったが、桃の花見にやって来たのは、町人の一行。若松の生えた小高い丘の上、霞の彼方には桃の花が満開だ。僧と少年が毛氈《もうせん》を広げて花見の席を設けているあいだ、若い女が扇で蝶を追って戯れている。婦人たちに取り巻かれた娘は、振袖を着て裕福そう。支度を指示する男は、大店《おおだな》の主人か町名主といったところ。着物の裾《すそ》を帯に挟んで尻端折《しりはしょ》りした下男が、茶道具や料理を担いでやって来た。主人も裾を少しだけからげているが、その方が、遊山《ゆさん》気分が盛り上がるのだろう。人々の笑顔が印象的な絵だ。

ここは一体どこなのだろうか。「桃園春興」という画題で、桃の花に埋もれた茅屋《ぼうおく》や小川は描かれているものの特徴のある地形や建物はなく、この絵を見ただけでは、場所はわからない。

『江戸名所図会』の本文には「同所西北の方、十町ばかりを隔《へだ》つ。享保《きょうほう》の頃、この辺りの田《でん》畝《ぼ》に悉《ことごと》く桃樹《とうじゅ》を栽《うえ》しめたまひ、その頃、台命《たいめい》によりて、このところを桃園と呼ばせたまひし」とある。同所は中野の宝仙寺《ほうせんじ》を指す。一町は約一〇九メートル。宝仙寺から一キロ余り西北の場所は、現在のＪＲ中央線中野駅の南側だ。享保年間（一七一六～三六）、八代将軍吉宗《よしむね》の治世に、その周辺の田畑に桃の木を植え、桃園と名付けたというのである。

中野駅付近一帯には、吉宗の三代前の五代将軍綱吉《つなよし》のとき、中野御囲《おかこい》や犬小屋と呼ばれた、

囲（かこい）の歴史を伝えるため、中野区役所前に置かれた像

中野の塔として知られた三重の塔は近年、宝仙寺の境内に再建された

犬を収容する施設があった。綱吉は、牛、馬、犬、鳥など、あらゆる生き物を保護する「生類《しょうるい》憐《あわれ》み」に関する法令を発し、江戸の町の野犬を集めて犬小屋をつくった。当初、犬小屋は大久保や四谷にあったが、手狭になったため、元禄八年（一六九五）、中野に移転して、一〇万頭を収容。敷地の面積は最盛期には三〇万坪に及んだ。しかし、宝永六年（一七〇九）、綱吉が死去すると、中野の犬小屋は、生類憐みの令とともに廃止になる。

綱吉は例外で、家康をはじめ徳川歴代将軍の多くは鷹狩りを好み、三代家光《いえみつ》は、江戸城から五里以内の府内近郊を、すべて鷹場にした。享保元年（一七一六）、将軍に就任した吉宗は、綱吉の代に消滅した鷹場を復活。中野筋《すじ》の鷹場を整備するとき、鷹狩りの際に将軍の本陣となる御立場が、犬小屋跡地につくられ、桃の木が植えられた。

江戸後期の多摩郡の地誌『武蔵名勝図会』には「中野御鷹野御成の砌《みぎり》、犬小屋御囲跡地辺を桃園に御取建てあり、初めは紅桃を御植付、同年また白桃を御植付」とあり、「緋桃、白桃ひらくときは、数千樹の桃花色を争いて甚だ佳景なり」と続けている。

吉宗は、向島《むこうじま》の隅田堤《すみだづつみ》や王子の飛鳥山《あすかやま》に桜を植え、花見の名所にしたことで知られる。江戸の庶民に行楽の場を提供することで、将軍の威光を世に示す政策だったという。

中野には桜ではなく、桃が植えられたのは、なぜだろう。『武蔵名勝図会』は「按《あん》ずるに武《ぶ》陵《りょう》桃源《とうげん》の故事を以て、桃園御取立植付けさせ給う御趣意なるべし」という。武陵桃源は、中国湖南《こなん》、武陵の漁師が川をさかのぼり、桃林の奥に戦乱を避けてきた人々の子孫が暮らす平和な村を発見した話だ。吉宗は桃を植え、武蔵野に桃源郷を再現しようとしたのかもしれない。

この絵は、やはり江戸の桃源郷を描いたものだったのだ。

桃園春興

堀《ほり》の内《うち》妙法寺《みょうほうじ》

四十二歳厄年の日蓮上人の尊像

【杉並区堀ノ内三丁目】

今も「堀の内のお祖師《そし》さま」として知られる妙法寺は、江戸の庶民の間で、厄除《やくよ》けの霊験あらたかな寺として評判になった。「除厄《やくよけ》祖師」や「おそっさま」とも呼ばれて親しまれ、たんに「堀の内」と地名を呼んでも妙法寺のことを指すほど有名だった。

天明七年（一七八七）に建立された山門を入ると境内に、江戸後期に建てられた祖師堂、本堂、日朝堂《にっちょうどう》などの堂宇《どうう》が建ち並び、江戸の「堀の内詣《まい》り」の雰囲気を感じることができる。

妙法寺は、江戸初期に真言宗から改宗し、碑文谷《ひもんや》（目黒区）の法華寺（円融寺）の末寺《まつじ》になった。祖師堂に奉安されている日蓮《にちれん》上人像の「除厄祖師」は、もともと法華寺にあったが、同寺が法華経信者以外から布施《ふせ》を受けず、施《ほどこ》しもしない不受不施《ふじゅふせ》派の主義を堅持したため幕府の忌諱《きい》に触れ、元禄十一年（一六九八）、天台宗に改宗させられたとき、妙法寺に移った。

祖師像は、鎌倉時代の僧で日蓮《にちれん》の高弟、日朗《にちろう》上人が彫ったものだという。弘長元年（一二六一）、鎌倉幕府執権の北条長時《ながとき》によって日蓮が伊豆に配流《はいる》になったとき、同行を許されなかった日朗は、鎌倉の由比ヶ浜に流れ着いた霊木で日蓮の姿を彫り、日蓮に仕えるように日夜その像に仕え、題目《だいもく》を唱え、経を読んだ。二年後、赦免によって鎌倉に戻ってきた日蓮は、日朗の刻んだ像を見て喜び、自ら像を開眼《かいげん》し、魂を入れたと伝えられている。

やくよけ祖師像を奉安する祖師堂

挿絵と同じ場所にある手水舎

『江戸名所図会』の妙法寺の本文には、あたかもその場を見たかのように日蓮の言葉が記されている。日蓮は「わが心神《しんしん》いまよりこの木像にうつれり、永く来際《らいさい》に至るまで救護《くご》、衆生《しゅじょう》の利益《りやく》無窮ならん。われすでに四十二歳にして救ひを得しかば、この木像に除厄《やくよけ》の号を称《とな》ふべし」と言ったという。そのため同寺では、厄除《やくよ》けを除厄と書く。

この祖師像が霊験を発揮し始めるのは、妙法寺に移されて以降のことである。『武蔵名勝図会』には「参詣するもの凡《およ》そ明和（一七六四〜七二）の頃より始まれり」とある。当初は小さな堂に祀られていたようだが、やがて「参詣群衆すること浅草の観世音に並べり」とある。日々夜々、信人の老若男女、江戸よりの参詣暫《しばら》くも絶えることなく」という賑わいぶりになった。

妙法寺の寺運隆盛に伴い、青梅街道沿いの成子《なるこ》、淀橋、中野などの集落も栄え、「民家は変じて水茶屋、料理茶屋」が軒を連ねるようになったらしい。

落語『堀の内』は、神田の長屋に住んでいる男が、粗忽《そこつ》を治すため、妙法寺詣でをする噺《はなし》だ。男は妙法寺とは反対方向の両国や浅草を回ったあげく、四谷で道を尋ねると「真っすぐ行くと新宿に出る。これをまた真っすぐ行くと鍋屋横町《なべやよこちょう》ってところがある。そこを曲がると太鼓叩いている人たちがいますから、くっついて行けば御祖師様に着きますよ」と教えられる。江戸から妙法寺に向かうと、青梅街道の鍋屋横町（鍋屋横丁交差点）で左折する参道（妙法寺道）が延びていた。道は、さらに和田村の大宮八幡宮（76頁）まで続いていた。

落語の枕に「祖師は日蓮に奪われ、大師は弘法に奪われなんていいまして、ひとつの宗旨を広めた方はみんな祖師なんですが、御祖師様というと日蓮様に決まっているように人が言う」というのがある。江戸の町人には、日蓮宗を信仰する人が多かったようだ。

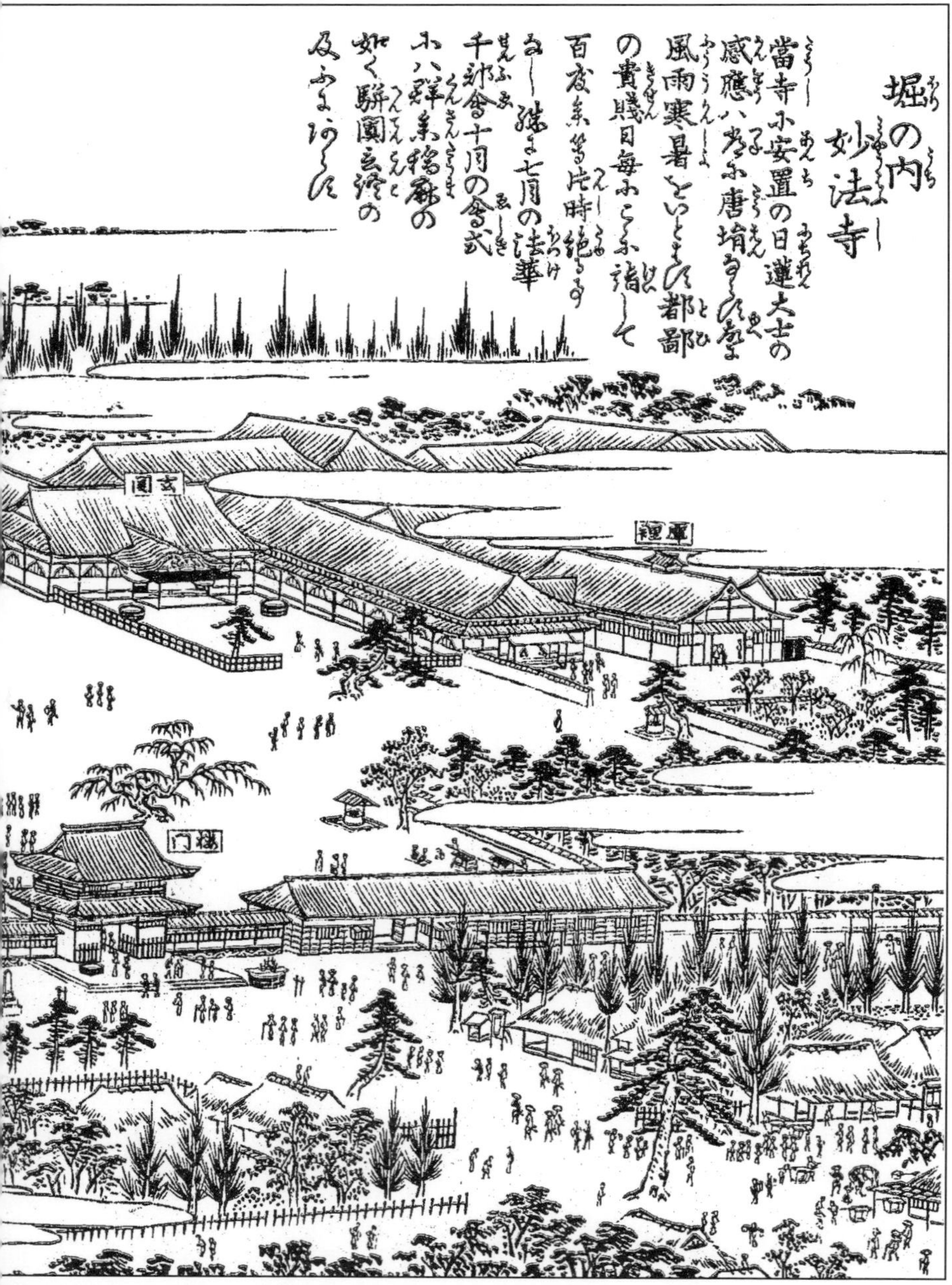

堀の内妙法寺　当寺に安置の日蓮大士の感応は常に唐捐ならず　故に風雨寒暑をいとはず　都鄙の貴賤日毎にここに詣して百度参等片時絶る事なし　殊に七月の法華千部会十月の会式には群参稲麻の如く駢闐言語の及ぶにあらず

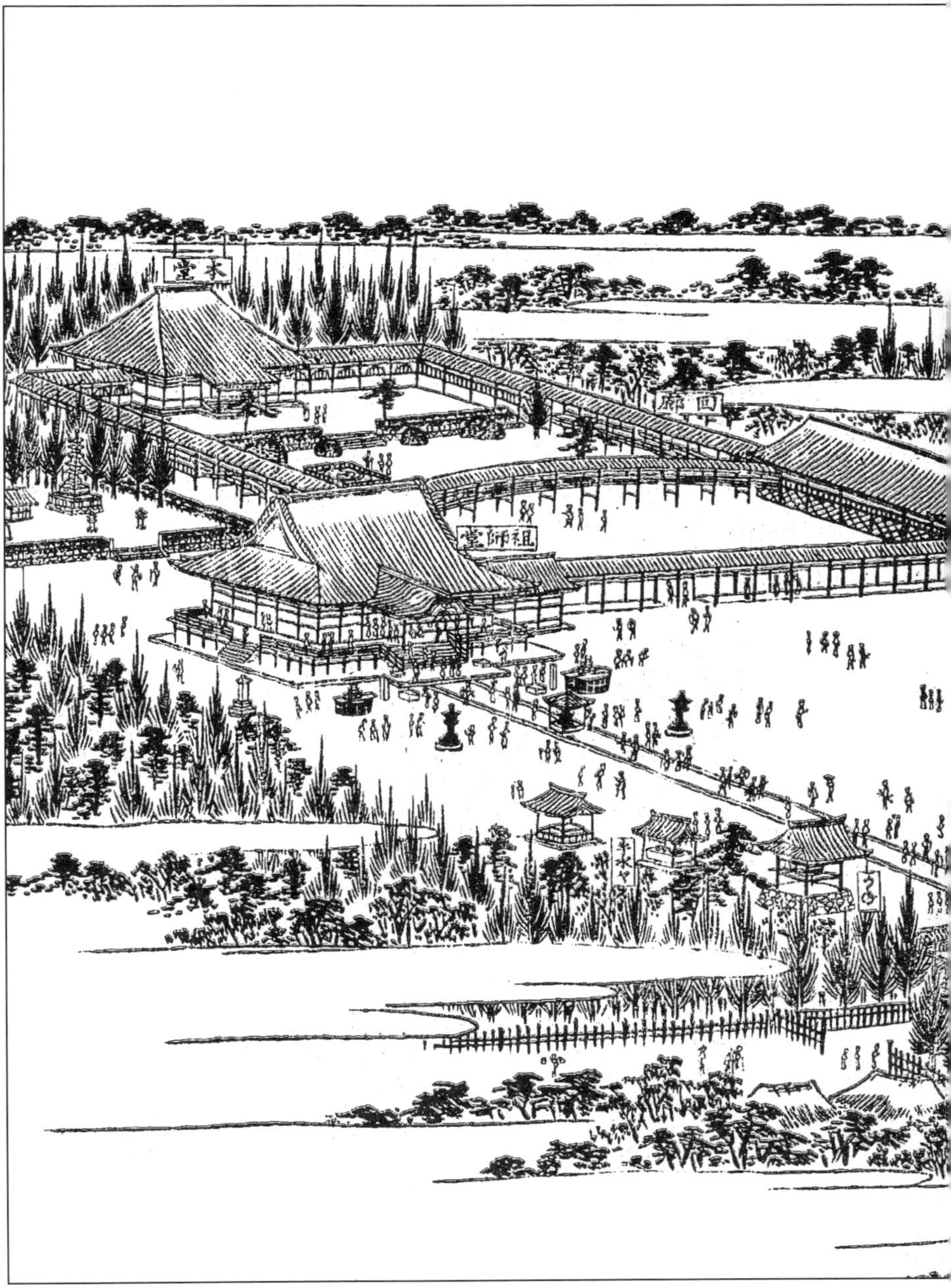
本堂
回廊
祖師堂

井頭池《いのかしらのいけ》　弁財天《べんざいてん》社

江戸っ子の誇り、神田上水の源

【三鷹市井の頭四丁目・武蔵野市御殿山一丁目付近】

鮮やかな朱塗りの弁天堂

ＪＲ中央線吉祥寺駅の南に広がる井の頭公園の、江戸後期の光景である。井の頭公園は、水辺のベンチで憩う人やボート遊びをする人の姿がいつも見られる明るい雰囲気の公園だ。それに比べて、この絵の景色は、人の気配が希薄で、人里離れた深山の湖のように、もの寂しい。挿絵は、井の頭池西岸の御殿山《ごてんやま》から眺望して、弁財天の社《やしろ》を描いている。対岸の丘陵の起伏は誇張されているように感じるが、弁天島の形や池の広がり具合は、現在の地形とよく似ている。社殿の左の半島は、多分、井の頭自然文化園の分園がある場所だ。水際の葦《あし》の生えた湿地が次第に土で埋まり、陸地が池の中央に向かって延びたようだ。現在、半島の先端には池を南北に横断する橋が架かり、池はボート場になっている。

絵を詳細に眺めると、弁財天の社殿の近くに人影がちらほら見える。画面左手の野道も遊山《ゆさん》か参詣に来たらしい一行が歩いている。井の頭池の弁財天は、鎌倉時代に源頼朝が堂を建てたと伝えられる古社で、江戸郊外の名所のひとつだった。大田南畝《なんぽ》らの文人も訪れ、角筈村《つのはず》（新宿区西新宿）の十二所《じゅうにしょ》権現社より西では、唯一、広重の『名所江戸百景』に選ばれている。

しかし、江戸時代の一般の人が、自然のままの状態を保っているような野趣に富んだ井の頭池の風景を美しいと感じるのは難しかったようだ。江戸近郊の名勝や古跡をくまなく訪ね歩き、

池の東端にある神田川源流の碑

『遊歴雑記』という紀行文集を残した僧の十方庵敬順《じっぽうあんけいじゅん》は、井の頭池を訪れたとき、周囲に人家のないこの地で弁天堂を守る老夫から、ここに来た当初は夜になると天狗が出たという話を聞いて、自分のような臆病者は一人ではとても住めないとおびえた。景色についても、岸に雑木が茂り、池の中に葦《あし》の立枯れが多いため、水が見えず、眺望もよくないと不満を述べ、「実《げ》にかじけたる（生気のない）僻地《へきち》といふべし」と貶《けな》している。

この池が、江戸名所のひとつとされた理由は、徳川家康と三代将軍家光が、ここの水の質の良さをほめ、江戸の町を潤す神田上水の水源になったという由緒があるからにほかならない。『江戸名所図会』の本文には、大神君《だいしんくん》（家康）がたまたまここに来て、「池水清冷《ちすいせいれい》にして味わひの甘美なるを賞揚したまひ、御茶の水に汲ませらる」とある。さらに寛永六年（一六二九）には、大将軍家（家光）が訪れ、池の水を気に入り、江戸まで水を引くことに決め、池のそばの辛夷《こぶし》の木に小柄《こづか》で「井頭」と彫り、それ以来、井の頭と呼ぶようになったと記されている。

家康の来訪は伝説にすぎないともいうが、家光は鷹狩りのためこの地を実際に訪れており、寛永二年（一六二五）には、鹿を四三頭も獲っている。また、『武江《ぶこう》年表』の寛永十三年（一六三六）に「井の頭弁才天社御建立」とあり、弁天堂も家光の治世に改築されている。

神田上水は、『江戸名所図会』では四代将軍家綱《いえつな》の承応《じょうおう》年間（一六五二〜五五）に開かれたことになっているが、実は、いつ完成したかはっきりしない。玉川上水のように新たに開削《かいさく》したのではなく、もともと武蔵野を流れていた川や家康が江戸入府後に造った小石川上水を整備して、神田上水としたためである。ともかく、この池の水は、神田や日本橋まで届いて多くの人の喉を潤し、江戸の人々はこの水を産湯に浴びたことを誇りにしたのだった。

井頭池《ゐのかしらのいけ》
弁財天《えさいてん》社

神田上水の源

小金井橋春景《こがねいばししゅんけい》

桜花爛漫、江戸で評判の花名所

【小金井市関野町一丁目・桜町三丁目・御幸町付近】

小金井橋のたもとに、名勝小金井桜の碑と案内板がある

川岸を彩る満開の桜、西の空にそびえる芙蓉《ふよう》の白峰富士。これぞ、江戸の人々が好んだ風景だ。富士山の麓から水が流れてきているように見えるが、この川は羽村《はむら》で取水した多摩川の水を江戸に送る玉川上水である。橋が四つほど架かり、手前から「梶のはし」「堰《せき》のはし」「小金井はし」「貫井はし」と読める。橋の名称は今も梶野橋、関野橋、小金井橋、貫井橋という。場所は現在でいえば、都立小金井公園南の玉川上水と五日市街道が並行している辺り。

小金井橋の桜の美しさは、隅田川、上野、飛鳥山《あすか》と並ぶほどの評判で、花見客が大勢押し寄せた。『江戸名所図会』は、この地の桜の花の見事さを「金井橋《こがねい》の辺りは佳境《かきょう》にして、爛漫《らんまん》たる盛りには、両岸の桜、玉川の流れを夾《はさ》んで一目千里、実に前後尽くる際《かぎり》をしらず。ここに遊べば、さながら白雲《しらくも》のうちにあるがごとく」と絶賛している。

画面右上に「旅亭」と記されているが、小金井橋のたもとには料理茶屋などがあり、花の時期には繁盛した。『江戸名所図会』は、この絵に続き、小金井橋の部分を拡大した挿画を掲載し、花を楽しみ、酒に酔う人々の姿を描いている。江戸日本橋からここまでおよそ七里の道のりがあり、泊まりがけで花見に来る人も少なくなかったのだろう、画賛に「春の夜はさくらにあけてしまひけり」と芭蕉の句が添えられている。

「さくら折るべからず」と刻まれた桜樹接種碑

小金井の桜は、八代将軍吉宗《よしむね》のとき、武蔵野新田の世話役を務めていた川崎定孝《さだたか》（通称平右衛門《へいえもん》）が中心になって、武蔵野新田の農民が植えたという。この絵の玉川上水の両側に広がっている土地が、享保《きょうほう》の改革で開墾された武蔵野新田だ。平右衛門は、押立《おしたて》村（府中市）の名主《なぬし》だったが、当時、関東地方《じかた》御用掛の大岡忠相《ただすけ》に起用され、武蔵野新田の世話役を務めた。

平右衛門らが桜を植えて五〇年ほどは、地元の人しか花の存在を知らず、遠方から見に来る人は稀だったが、次第に旅人の口伝えや文人の紀行でその見事さが広まり、江戸から行楽客が押し寄せるようになった。庶民ばかりでなく、越前《えちぜん》丸岡藩主の有馬誉純《ありましげずみ》などの大名や将軍世子《せいし》（跡継ぎ）の家定《いえさだ》（後の十三代将軍）も観桜に訪れている。

植樹から一〇〇年も過ぎると、枯れた木が多くなる。嘉永四年（一八五一）、当時の代官の命で地元の村が桜の苗を植え継いだことを記念して名主が建てた石碑が、関野橋の近くに今もあり、表に「さくら折るべからず」の言葉、裏に補植の経緯を説明した桜樹接種《せっしゅ》記が刻まれている。

小金井の桜は、江戸時代を通して数多くの浮世絵や地誌の挿画に描かれたが、『江戸名所図会』の絵は、なかでも秀逸だ。この付近の玉川上水は、実際には真っすぐ流れ、この絵のように弓形に曲がってはいない。長谷川雪旦の美意識が流れを曲げたのだろうが、それによって画面に広がりがもたらされている。この絵には技術的な工夫が、もうひとつ施されている。関野橋と小金井橋の間は、本来もっと距離があるのだが、二つの橋の間に霞を棚引かせることで、中間の景色を省き、近景の桜並木と遠景の富士山を近づけて画面に収めているのだ。

小金井に桜を植えた平右衛門は有為《ゆうい》な人物で、武蔵野新田の代官のあと、美濃の代官になって長良川《ながら》の治水に取り組み、さらに石見《いわみ》銀山で代官と奉行を務め、多くの人々から慕われた。

小金井橋春景
旅亭

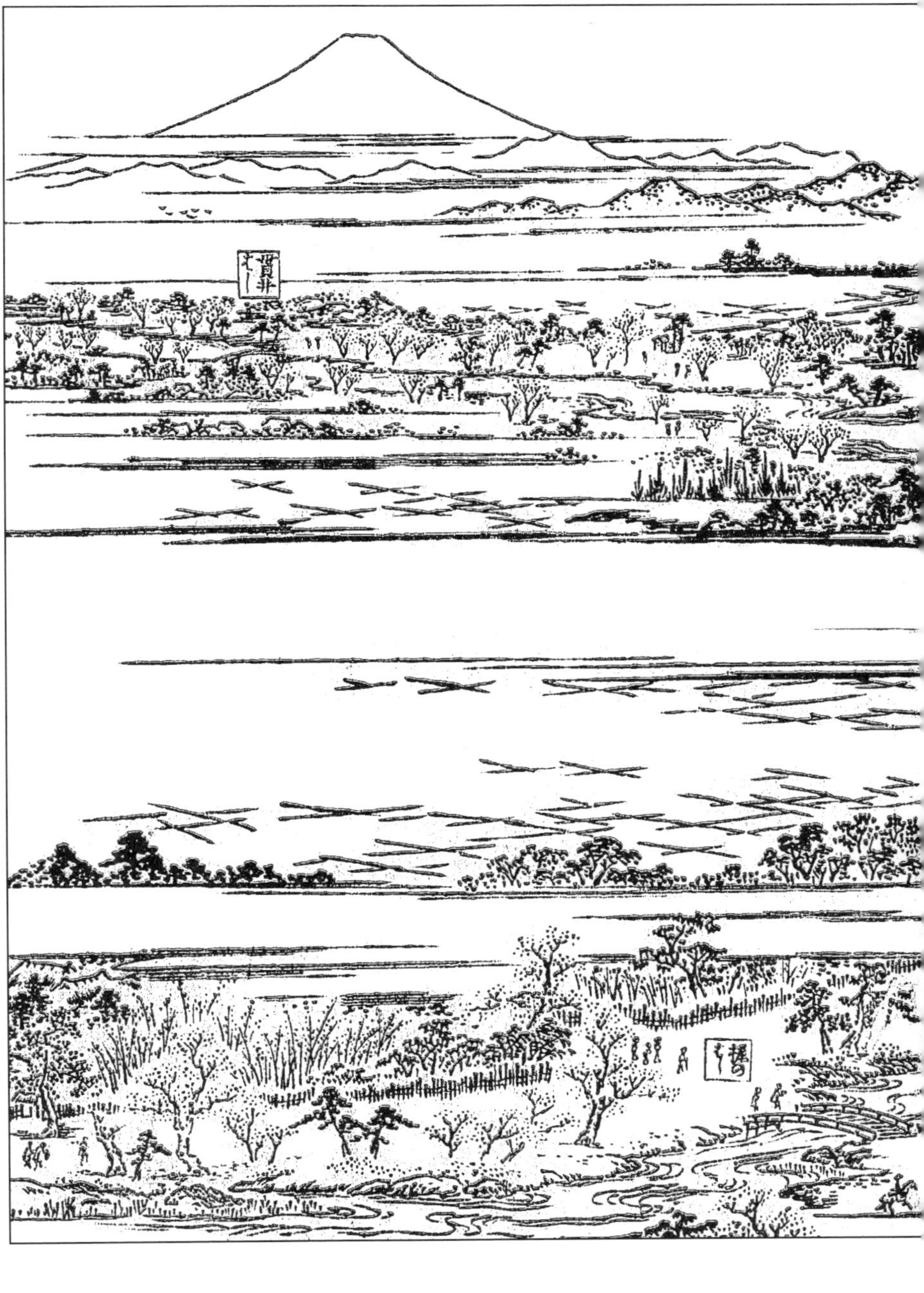
貫井むら
堀のむら

国分寺《こくぶんじ》

武蔵国分寺の法灯を継ぐ

【国分寺市西元町一丁目付近】

国分寺市民でなければ、奈良時代、国分寺市に武蔵国《むさしのくに》の国分寺があったことは知っていても、国分寺という名の寺が、今も国分寺市内に存在していることを知らない人は多いのではないだろうか。それがこの絵に描かれた寺で、正式な名称は、医王山最勝院《いおうざんさいしょういん》国分寺という。

挿画を見ると、「はけ」と呼ばれる国分寺崖線《がいせん》の斜面に沿って堂宇《どうう》が点在している。はけは崖《がけ》を意味する関東地方の方言で、多摩川の河岸段丘の武蔵野面と立川面が段差になっている場所を指す。薬師堂は、はけの上（武蔵野面）に建ち、本堂は、はけの下（立川面）に建っていることになる。画面左手前に広がる農地は、奈良時代に武蔵国分寺が建っていた場所だ。右手前には林に囲まれた集落があり、弁天を祀った池が見える。

武蔵国分寺は、天平《てんぴょう》十三年（七四一）に発せられた、聖武《しょうむ》天皇の詔《みことのり》により全国に建てられた国分寺のなかで、最大級の規模を誇っていた。国家安泰と五穀豊穣を祈る国分寺が、この地に建立された理由は、南向きの土地で広々としており、多摩川から離れているため水害の心配がないことなどがあげられるという。国分寺は僧寺《そうじ》と尼寺《にじ》からなり、それぞれ経典に由来して、金光明四天王護国之寺《こんこうみょうしてんのうごこくのてら》と法華滅罪之寺《ほっけめつざいのてら》といった。僧寺と尼寺の間を、上野国《こうづけのくに》と武蔵国の国府（府中市）を結ぶ官道の東山道武蔵路《とうさんどうむさしみち》が南北に通っていた。武蔵国府との距離は二キロ程度で、東

『江戸名所図会』にも描かれた仁王門

真姿の池の弁天の祠

山道武蔵路とは別に参道でも結ばれていたという。

奈良時代には官寺として繁栄した武蔵国分寺だが、中世になると諸国の国分寺と同様、衰退に向かう。そして、鎌倉時代の元弘《げんこう》三年（一三三三）、上野国で討幕の兵を挙げた新田義貞《にったよしさだ》が、鎌倉街道を南下し、幕府軍と分倍河原《ぶばいがわら》で戦った際、国分寺の諸堂は焼失。二年後、義貞の寄進により薬師堂が金堂《こんどう》跡に再建されたが、往時の隆盛を取り戻すことはなかった。

江戸時代には、新義真言宗豊山《ぶざん》派に属し、府中の妙光院の末寺として存続。わずかとはいえ、三代将軍家光から朱印状を得て寺領を持っていた。薬師堂は、はけの上に建て替えられ、この絵に見るような諸堂の配置になった。なお、現在、本堂の前に建っている楼門は、明治になって前沢村（東久留米市）の米津寺《べいしんじ》の山門を移築したもので、江戸時代の国分寺には存在しない。

画面右下の弁天の社がある池は、位置から見て、近年、「お鷹《たか》の道」と呼ばれ、武蔵野の散策を楽しむ人々に親しまれている遊歩道沿いの真姿《ますがた》の池だ。この辺りは湧き水が豊富で、「お鷹の道・真姿の池湧水群」として、環境省の名水百選に選定されている。お鷹の道の名は、江戸時代、国分寺村が尾張徳川家の鷹場だったことにちなむ。八代将軍吉宗が鷹狩りを復活させたことで、村人は田畑を荒らす猪や鹿を追い払うことができなくなり難渋したという。

真姿の池には、中世の小町伝説に関連する言い伝えがある。病に苦しむ玉造小町が徐病《じょびょう》を祈願して国分寺に参詣すると、突然、童子が現れて小町を池に案内し、水を浴びるよう告げて姿を消した。小町がそのとおりにすると、たちまち病は癒え、もとの美しい姿に戻ったという。『江戸名所図会』の本文は、真姿の池にも小町伝説にも触れていないが、この池を挿絵に描き入れたのは、そうした話を伝えてきた由緒を考慮したためではないだろうか。

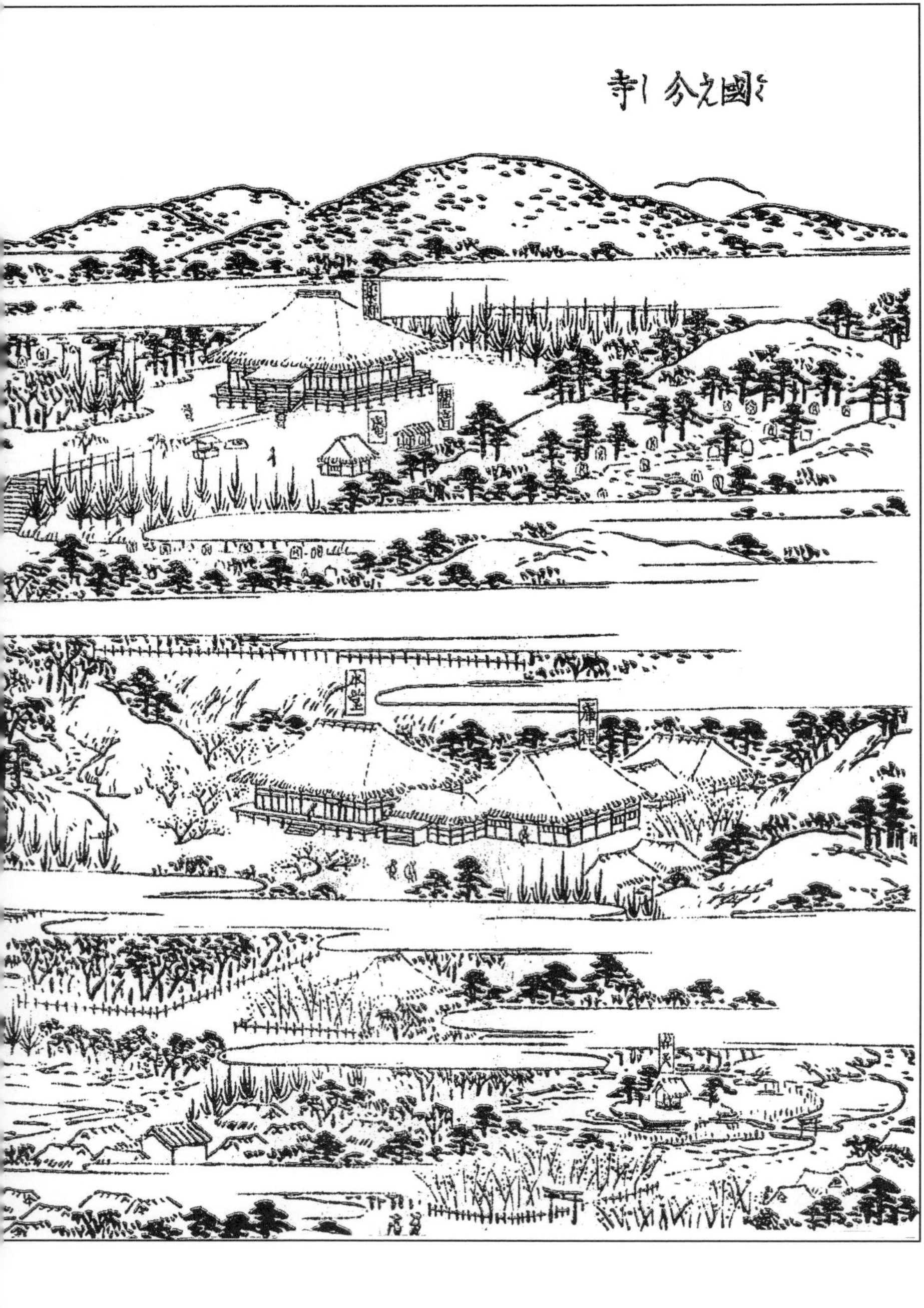
く國え分し寺

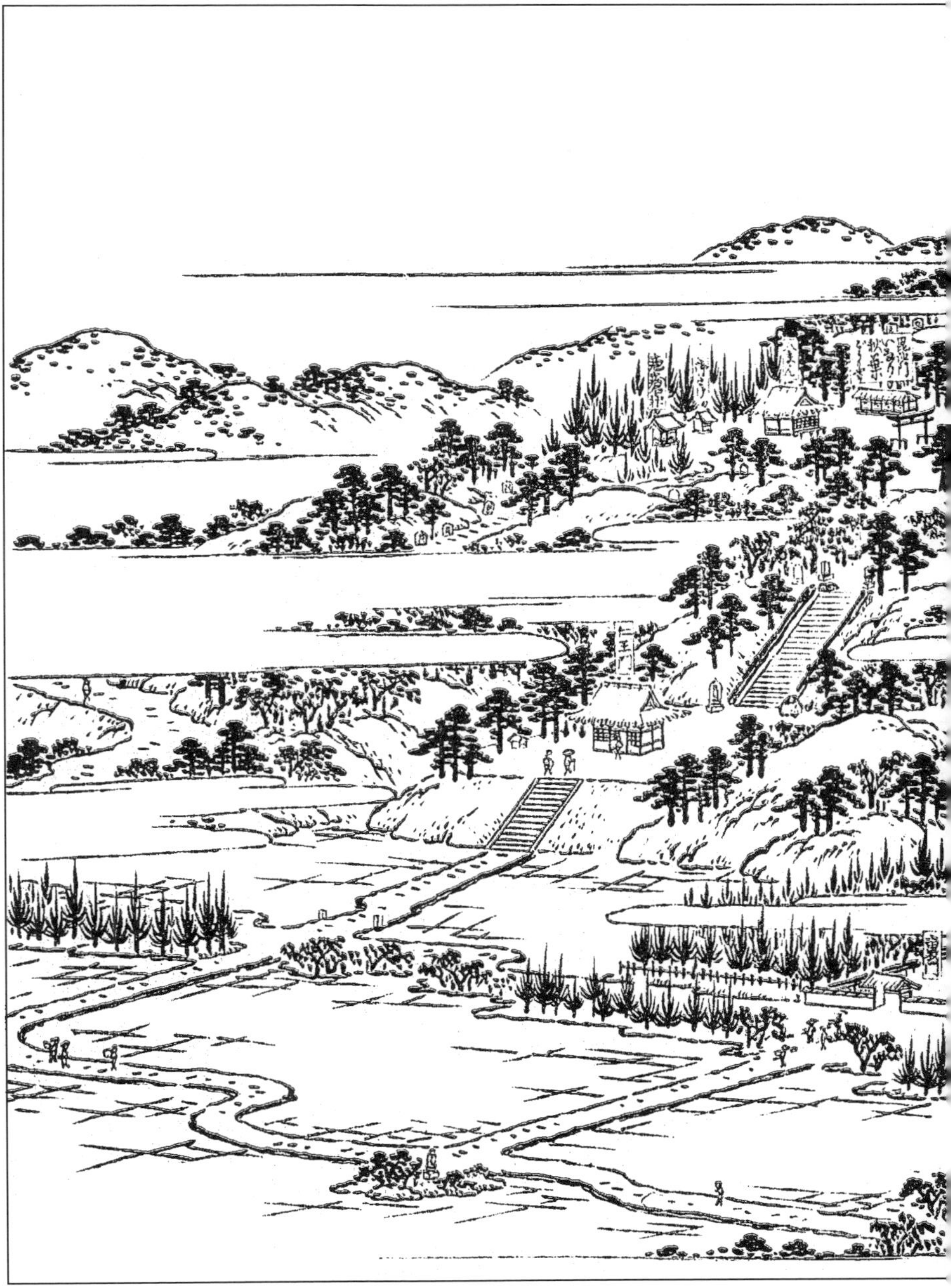
毘沙門
秋葉
仁王門

国分寺伽藍旧跡《こくぶんじがらんきゅうせき》

文人の探究心をそそった礎石と瓦

【国分寺市西元町一～三丁目付近】

「月の入るべき峰もなし」と詠われた平坦な武蔵野。国分寺村では、あたり一面に穂が実り、収穫の時期を迎えた農民たちは忙しそうだ。時折、誰かが鳴子《なるこ》の綱を引いて音をたて、野鳥を追い払う。画面右手の女たちが、鎌《かま》ではなく鋏《はさみ》を使って穂だけ刈り取っているところを見ると、畑の作物は陸稲《おかぼ》や麦ではなく、やせた土地でもよく育つ雑穀の粟《あわ》のようだ。

江戸から来たと思われる旅姿の男たちが、路傍にでんと置かれた巨石を眺めている。たまたま通りがかったのか、集落からここまで男たちを案内してきたのか、煙管《きせる》をくわえた年寄りと裸足の子が、彼らの相手をしている。子どもは両手を広げて、石の大きさを自慢する。

巨石は、古代から中世まで、この地にあった武蔵国分寺の建物の柱を据えていた礎石《そせき》だ。武蔵国分寺跡では、今も金堂《こんどう》や七重塔の礎石を見ることができる。しかし、地面から出ているのは石の上部だけで、この絵のように子どもの背丈を超えるほど露出しているものはない。

火山灰から成る関東ローム層に厚くおおわれた武蔵野では、大きな石は珍しい。現地で遺跡の礎石を見ると、チャートと呼ぶ硬い堆積《たいせき》岩であることがわかる。青梅《おうめ》より上流の多摩川の渓谷で見かける石だ。古代人はそれを大人数で運んできて建物の基礎にしたのだろうが、のちの時代の人にとって、野原や畑の真ん中にある巨石は、奇妙な感じがしたことだろう。

礎石が残る金堂跡

武蔵国分僧寺跡に建つ史跡指定碑

奈良時代に国家鎮護のための官寺として建てられた武蔵国分寺は、鎌倉時代末、上野国《こうづけのくに》から鎌倉に進攻する新田義貞《にったよしさだ》と幕府軍の戦いでに伽藍を焼失した。その後、一寺院として存続し、江戸時代には前掲の「国分寺」の挿画に描かれたような小さな寺になっていた。国分寺の絵の左手前に広がる平地が武蔵国分寺の遺跡で、薬師堂の仁王門から左下（南）に延びる参道をもう少しだけたどった辺りに、金堂跡の礎石があるはずだ。

伽藍旧跡の絵を細かく見ていくと、男たちの足元に瓦《かわら》の破片が散らばっていることに気づく。武蔵国分寺の遺物である。江戸後期に幕府の昌平黌《しょうへいこう》（昌平坂学問所）が編纂した地誌『新編武蔵風土記稿』によると、古瓦には布目があり、集めて硯《すずり》にする好事家《こうずか》もいたが、地元の人は「この瓦を携へ去るもの家に必ず災いあり」と言い伝え、恐れて拾わず、そのため一千年を経てもこの地に遺されていたという。

『江戸名所図会』は、古瓦について、割れているとはいえ、模様が普通と異なり、昔の国分寺が大伽藍だったことが想像できるといい、続けて「その地にして得たる古瓦のうち、武蔵国郡の名を印《いん》せしもの、ここにその形を挙げて証とす」として、豊島郡の「豊」や埼玉郡の「埼」などの文字が読み取れる古瓦を図で紹介している（74頁参照）。近代の考古学や歴史学に先駆けるような学究的、啓蒙的な考え方や態度といえるのではないだろうか。現在でも武蔵国分寺跡資料館などで、同じように郡名の入った文字瓦を見ることができる。

『名所江戸百景』の挿画にも、時々、この絵のように古跡を調べる二人組の男が描かれている。絵師の長谷川雪旦が、現地調査にやって来た自分たち自身の姿（雪旦と斎藤幸孝《ゆきたか》）を描いたのではないかという説がある。そうであれば面白いと思うが、残念ながら確証はない。

こくえし
國分寺
がらんのきうせき
伽藍旧跡

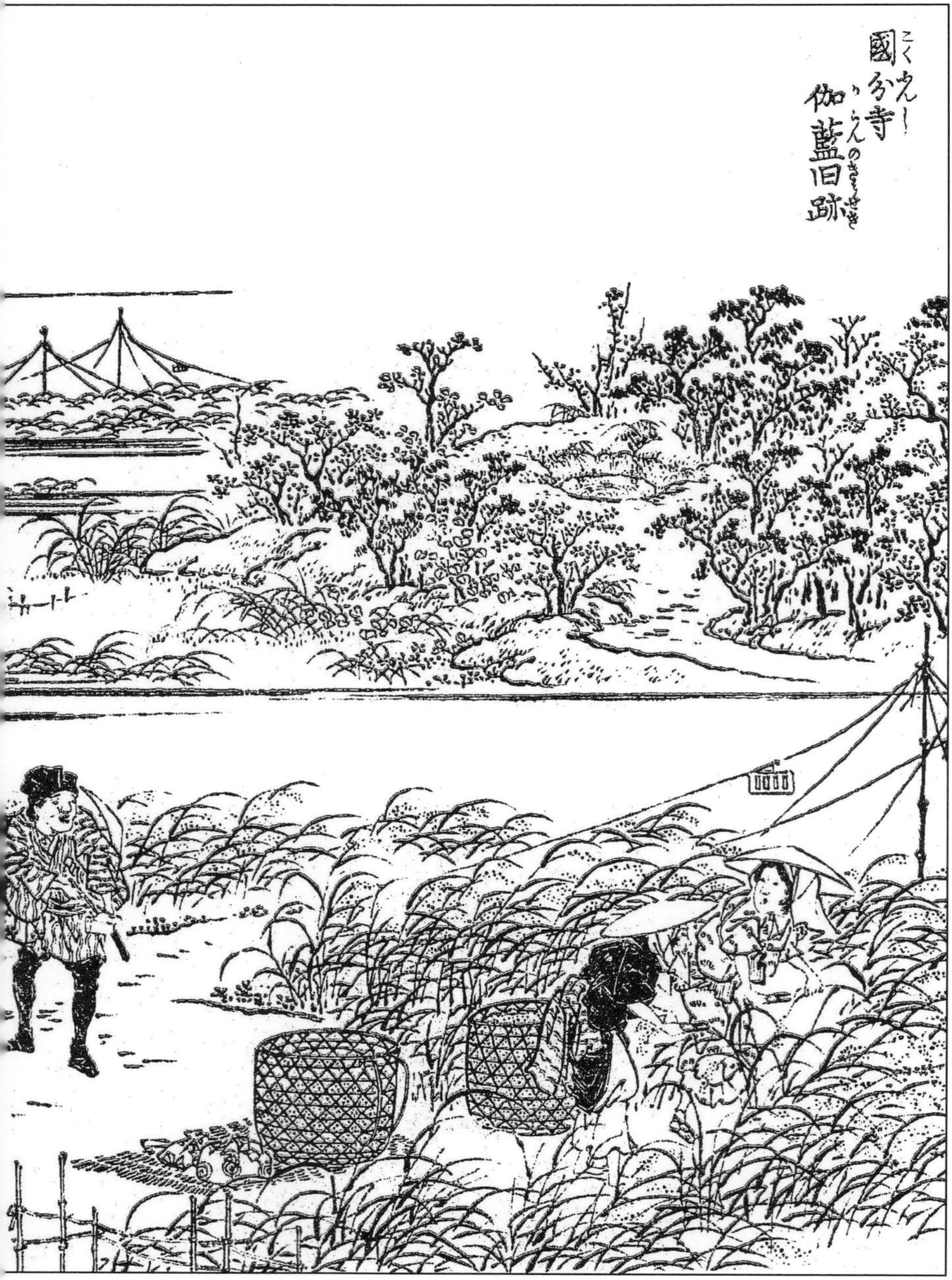

国分寺村炭かま

武蔵野で炭を焼き、江戸に出荷

【国分寺市付近】

江戸時代に国分寺で行われていた炭焼き作業が描かれている。『江戸名所図会』には、炭焼きのほかにも、業平《なりひら》（墨田区）の瓦づくり「瓦師《かわらし》」、行徳《ぎょうとく》（千葉県市川市）の塩づくり「行徳塩竈《しおがま》之図」、川口（埼玉県川口市）の鋳物《いもの》づくり「河口鍋匠《なべつくり》」など、地場産業の現場を描いた絵があり、どれもみな当時の生産工程や職人の仕事ぶりが生き生きと描写されていて興味深い。

この絵には、林間の空き地のような場所に土窯《つちがま》が二つある。両方とも煙が勢いよく立ち昇っており、火を入れてまだ間がないようだ。窯出しした炭の俵《たわら》詰めも行われている。柿の実がなっているから晩秋だが、男たちは諸肌《もろはだ》を脱いで働く。画面右手の炭焼きに不似合いな三人連れは見物客だろうか。絵師は、ここが山の中ではないことを表現したかったのかもしれない。

一〇〇万都市の江戸は、薪《まき》と炭の大消費地だった。特に炭は、煙が出ず、火力も安定しているため、炊事や暖房に重宝された。

江戸時代、炭は全国どこでもつくられたが、名産地として知られていた地域があった。江戸の百科事典『和漢三才図会』は、摂津《せっつ》の池田、和泉《いずみ》の横山、上総《かずさ》の久留里《くるり》、紀州の熊野、日向《ひゅうが》、武州の八王子、秩父、下野《しもつけ》、常陸《ひたち》、奥州、甲州、信州などの地名をあげている。『日本山海名物図会』は、日向炭と熊野炭の質がよいといい、池田炭を名物、横山炭を名品と呼ぶ。

環境省の名水百選に選ばれている真姿の池湧水群

国分寺崖線（はけ）の上に広がる武蔵国分寺公園

池田炭と横山炭は、茶会用に名高かったのだ。東日本の炭は江戸、西日本の炭は大阪に運ばれたが、紀州の熊野炭は田辺炭（備長《びんちょう》炭）とともに江戸に送られた。

江戸には、関東八州の相模《さがみ》、武蔵、安房《あわ》、上総、下総《しもうさ》、常陸、上野《こうづけ》、下野と甲斐《かい》、それに東海道の駿河《するが》、伊豆、遠江《とおとうみ》と紀伊《きい》から膨大な量の炭が集まった。幕府は、天領の伊豆天城《あまぎ》山で焼いたものを御用《ごよう》炭とした。天城炭は市場にも出回り、江戸では最高級品とされた。また、房総の炭は、久留里炭とともに佐倉《さくら》の炭も質が良く、桜《さくら》炭とも呼ばれ、茶の湯に用いられた。

しかし、炭は燃料である。遠方から運んできた炭は高価で、庶民には手が届かない。運賃がかからない江戸近郊でつくれば、その分、安く販売できるため、八王子や秩父より近場の多摩丘陵や武蔵野で炭が焼かれるようになり、国分寺でも炭焼きが始まった。多摩の炭産地のなかには、黒川（川崎市麻生区）のように、質の良さで知られるほど発展した地域もある。

武蔵野新田の炭焼きを見た江戸時代の地理学者、古川古松軒《こしょうけん》が「どこの国でも炭は山の中で焼いているのに、平地で焼くとは、土地が広く、いくら伐ってもなくならないほど木があるからにちがいない」（『四神地名録《しじんちめいろく》』）といった内容のことを書いているが、武蔵野や多摩丘陵の木は無尽蔵ではなく、人が育てていたのだ。武蔵野や多摩丘陵で炭の原料にしたクヌギやコナラは、一〇年ほど育った太さの木が炭に適していた。そのため、一〇年前後で株を残して伐採した。すると、株からひこばえが出て、再び成長を始める。それを萌芽更新《ほうがこうしん》という。近年になり、萌芽更新を行うことがなくなった武蔵野や多摩丘陵では、クヌギやコナラが高木、巨木となり、葉の茂った夏などには、昼なお暗い緑地がある。薪や炭にするため、定期的に伐採していた江戸時代の雑木林は、今よりずっと見晴らしがよく、明るかったに違いない。

國分寺村《こくぶんしむら》
炭《すみ》かま

谷保天神社《やぼてんじん》

道真の三男が父を祀った古社

【国立市谷保付近】

国立市にある谷保《やぼ》天満宮を西側から描いている。地元の人は、谷保を「やぶ」とも呼んだ。画面の左手の道は、甲州街道だ。街道は霞のなかに消えているが、実際には右上に小さく見える鳥居まで続いている。その場所が、現在の甲州街道の谷保天満宮前交差点にあたる。鳥居をくぐると、緩やかな下り道の参道が、杉の茂る境内を抜けて、拝殿の前まで通じている。

画面の中ほどを棚引く霞の手前は、左側に安楽寺、右側に常盤《ときわ》の清水がある。安楽寺は、谷保天満宮の別当寺《べっとうじ》（神社を管理する寺）だったが、明治初期の廃仏毀釈《はいぶつきしゃく》で廃寺になった。常盤の清水は、境内の西にある泉で、今もこんこんと水が湧く。画題に「社内に常磐《ときは》の清水と称する霊水あり」と説明が添えられ、本文でも取り上げられていることから、当時、名所として知られていたことがわかる。延宝年間（一六七三〜八一）に詣でた筑紫《つくし》の僧が詠んだ「とことはに湧ける泉のいやさやに神の宮居の瑞垣《みずがき》となせり」の歌が、名称の由来だという。

谷保天満宮の来歴は、謎が多い。社伝では、平安時代、菅原道真《みちざね》が太宰府に左遷されたとき、武蔵国に配流になった三男の道武《みちたけ》が、道真の像を彫り、多摩川の中洲（府中市本宿の南）に祀ったのが起源とされている。その後、道武の子孫で源頼朝の御家人の津戸為守《つのとためもり》が、養和元年（一一八一）に霊夢を蒙《こうむ》り、中洲から現在地に遷座《せんざ》したという。しかし、菅家《かんけ》の系図に道武

枯れたことがないという常盤の清水

参道は甲州街道に面した鳥居から社殿へと下る

の名がないことから道武は伝説の人ではないか、中洲にあったのは道真ではなく天《あま》つ神《かみ》を祀った天神社《てんじんじゃ》ではないか、など異論がある。ともかく、谷保村の鎮守として厚く信仰され、江戸時代には、三代将軍家光から朱印状と十三石五斗の社領を得た。そして、寛永年間（一六二四〜四五）には本殿が造営され、湯島天神、亀戸《かめいど》天神と並ぶ江戸三大天神に数えられるほどになった。

一般に神社は高台に鎮座し、参道は上り坂になっているものなのに、谷保天満宮は甲州街道より低く、鳥居から社殿まで参道が下っている珍しい神社だといわれる。しかし、それは、甲州街道が谷保天神社より後に造られたためだ。甲州街道は、江戸に入府した徳川家康によって整備が始められたのだが、当初、府中宿から谷保を経て多摩川の渡し場までの間は、もっと南の方を通っていた。これは、谷保天満宮に最も近い一里塚跡が、甲州街道沿いではなく、南の離れた場所（府中市日新町一丁目）にあることからわかる。江戸初期までの谷保天満宮は、南側を通る甲州街道から参道を上ってくる神社だったのである。

谷保天満宮といえば「神ならば出雲《いずも》の国にゆくべきに目白で開帳《かいちょう》やぼの天神」の狂歌が引き合いに出され、気がきかない人を意味する野暮天《やぼてん》という言葉の語源になったという逸話を持つ。狂歌は、安永六年（一七七七）十月、谷保天満宮が目白不動尊で出開帳《でかいちょう》を行った際、大田南畝《なんぽ》が詠んだという。文人で幕臣の南畝は、文化六年（一八〇九）、多摩川巡視の記録を『調布日記』として残している。そのなかに「上谷保村に天神あり。これ谷保天神といへる像にして、神体はなはだ古拙《こせつ》也。故にやぼてんといへる俗語は、これによりて起こるといふ」と記している。その書き方からすれば、南畝は野暮天の歌を詠んでいないようだ。野暮天という言葉は、江戸前期の浮世草子などで使われており、この狂歌を語源とするのは無理があるようだ。

谷保天神社　社内に常磐の清水と称する霊水あり

安楽寺

清水立場《しみずのたてば》、日野津《ひののつ》

夏の甲州街道の旅二景、茶屋と渡し

【国立市谷保付近、日野市日野付近】

江戸時代、街道の宿場と宿場の間で、人足が駕籠《かご》や荷物を下ろして休憩する場所を立場といった。茶屋があり、一般の旅人や大名行列も休んだ。清水立場は、府中宿へ一里、日野宿へ一里のちょうど中間、谷保《やぼ》村の甲州街道の天神坂の下、道の北側にあった。谷保天満宮の周辺は、多摩川の河岸段丘のはけ（崖）にあたり、境内の常盤《ときわ》の清水をはじめ湧き水が豊富だった。清水立場は、泉のほとりに茶屋があった。絵の説明には、「この辺ここかしこに清泉涌出《せいせんゆうしゅつ》する故に、清水村の称《しょう》ありといふ。この地に酒舗《しゅほ》ありて、店前《てんぜん》清泉沸流《ふつりゅう》す」とある。夏は素麺《そうめん》を清水に浸《ひた》して旅人に提供した。そのため、往来の人はみんなここで休み、涼んでいったという。

棟《むね》に芝が生えた茅葺《かやぶ》きの茶屋は、藤棚が庇《ひさし》になり、風が吹き抜けて涼しげだ。板の間に西瓜《すいか》と真桑瓜《まくわうり》が並べられ、庭に菖蒲《あやめ》の花が咲き、浴衣《ゆかた》姿の女が歩く。まさに日本の夏の風景である。壁に「下りそうめん、ところてん」の品書がある。諸肌《もろはだ》脱いだ男二人が縁台で食っているのは、素麺のようだ。男たちは食欲旺盛で、店の女が代わりを持ってくる。庭の泉では大きな笊《ざる》で素麺が大量に冷やされている。「下り」は、上方《かみがた》から江戸に送られてきた高級品を意味する。甲州街道の鄙《ひな》びた茶屋に、上方の品が本当にあったのか疑わしいが、湧水にさらして冷やした素麺は、どこの産地の物でも旨かったことだろう。冷えた心太《ところてん》も美味に違いない。「順礼《じゅんれい》のよる

甲州街道の北側にある清水の茶屋跡の説明板

立日橋の日野市側下流に日野渡船場跡の説明板がある

木のもとや心太」（其角《きかく》）。向こうから来た巡礼《じゅんれい》が食べていくのは、きっと心太だ。

清水の立場から甲州街道を西に向かい、青柳《あおやぎ》村（国立市）を過ぎると柴崎《しばさき》村（立川市）で、多摩川を渡れば、日野宿である。日野津の「津」は、渡し場の意味だ。江戸初期は、青柳村から万願寺《まんがんじ》村（日野市）に渡り、万願寺の渡しと呼ばれた。甲州街道の渡河《とか》は、江戸の防御の最前線だったため、江戸の庶民は将棋を指すとき、王手を城や軍勢の正面を意味する大手にかけ、「王手は日野の万願寺」と地口《じぐち》（洒落《しゃれ》）を言ったという。

貞享《じょうきょう》元年（一六八四）、甲州街道の整備に伴い、多摩川の渡しは上流に移動し、柴崎村から日野宿の河原に渡るようになった。渡船の経営を日野宿が行い、日野の渡しと呼ばれた。春から秋までは渡船で、渇水期の冬から春までは土橋が架けられたが、文政七年（一八二四）以降は、一年を通し渡船になった。同年の渡し賃は、一人十文、荷駄《にだ》は口付《くちつき》（馬を引く人）を含めて十二文から十五文。武士、僧、周辺二十五カ村の者は無賃だったが、近村の人々や八王子千人同心《どうしん》は、船の造り替え費用などを負担した。

この絵は、日野の渡しの日野側の船着き場を描いている。岸の苫屋《とまや》の妻壁《つまかべ》の部分に鶴の模様や江戸一の文字が見えるのは、銘柄の付いた酒樽の薦《こも》を雨風よけに張っているためだ。小屋の中では、旅人が煙草を吸ったり食事をしたり、思い思いに休んでいる。竈《かまど》で火吹き竹を吹く男の頭上にあるのは、多摩川名物の鮎《あゆ》を串に刺した藁苞《わらづと》で、西瓜《すいか》の籠の中も鮎だ。河原の踏み跡のような道を馬が荷を積んでやって来る。同じ五街道の渡船場でも、人馬で混雑する東海道の「六郷《ろくごう》の渡し」の挿絵に比べ、なんとものんびりした光景だ。景色も美しく、「多磨川」（130頁）の本文に「日野の津より以西は水石《すいせき》の美、奇絶《きぜつ》もっとも多し」と記されている。

清水立場
甲州街道の立場に
して此辺こゝかしこに
清泉涌出する故に
清水村の称ありと
云此地に酒舗あり
て店前清泉沸
流す夏日ハ索麪
を湛して行人を饗
應せり故ニ此地
往来の人こゝに
憩ひて炎暑
を避ざるハ
なし

清水立場　甲州街道の立場にして此辺ここかしこに清泉涌出する故に清水村の称ありと云　此地に酒舗ありて店前清泉沸流す　夏日は索麵を湛して行人を饗応せり　故に此地往来の人ここに憩ひて炎暑を避けざるはなし

日《ひ》野《の》津《つ》

芝崎普済寺《しばさきふさいじ》

国宝の六面石幢は、古き見ものなり

【立川市柴崎町四丁目】

立川市にある玄武山普済寺は、多摩地域有数の名刹だ。鎌倉の建長寺を本山とする臨済宗建長寺派の寺院で、南北朝時代の立川氏の館《やかた》にさかのぼる歴史を持ち、国宝の六面石幢《ろくめんせきとう》が現存する。多摩川左岸の立川段丘の縁に位置しているため、眺望がきき、晴れた日には、六面石幢の覆屋《おおいや》の前から多摩丘陵や富士山、丹沢の峰々を見ることができる。しかし、惜しいことに、手前のビルや鉄塔が、遠くの山並みを所々隠してしまっている。多摩川の岸から富士の高嶺まで、見晴らしをさえぎる物が全くない時代には、さぞかし絶景だったことだろう。

昔から柴崎村と普済寺は眺望のよさで訪れる人を魅了してきた。大田南畝《なんぽ》の『調布日記』には「芝崎村富右衛門がもとにいこふ。この庭よりみる所、駿河甲斐の山々横おりふして、下に玉河《たまがわ》のながれ清く、水またにみなぎり落ちるさま、絵にもかゝまほし。それより林の中をゆきて禅寺あり。普済寺といふ」と記されている。『江戸名所図会』も普済寺の景色をほめ、「当寺境内の地は、多磨川の流れに臨み、勝景《しょうけい》の地なり。富士箱根秩父郡の遠嶂《えんしょう》（遠くに見える高く険しい山のこと）等一望に遮《さえぎ》り、もっとも幽趣あり」という。

雪旦の挿画は、南畝が絵にしたいと言った、多摩川の水が河原で枝分かれし、あふれるように流れていく光景を巧みに写している。下流の×印が並んでいるように見える物は、洪水対策

山門は堂々とした構えの四脚門

よく晴れた日には丹沢や富士山を望むことができる

の木組である。勝手気ままに分岐し、蛇行する多摩川の流れとは対照的に、こちら側の岸の高台にある普済寺の境内は、建物も植栽も整然と並んでいる。

本堂の裏に「城跡」と「六角塔」の文字が見える。城跡は、ここが立川氏の館跡だったことを示している。六角塔は、六面石幢のことで、江戸時代から有名だった。南畝は「さきに姫路の城主のもとにして、此石をすれるをみし事ありき」と書いている。姫路藩主の弟で絵師の酒井抱一《ほういつ》と知り合いだった南畝は、酒井家の江戸屋敷で拓本を見たことがあったのだ。実物を目の当たりにして、「まことに古き見もの也」と感想を述べている。

『江戸名所図会』は、普済寺の挿画に「境内に延文《えんぶん》年間に制《せい》する所の六角の石塔を存《そん》せり」と記したうえ、「普済寺境内六角古碑《ろくかくのこひ》」として、六面すべての詳細な模写を掲載する。

六面石幢は、笠石まで入れると高さ約二メートル。秩父青石《ちちぶあおいし》と呼ばれる緑泥片岩の板を六角の柱に組み合わせたもので、二面に阿吽《あうん》の仁王《におう》、四面に持国《じこく》天、増長《ぞうちょう》天、広目《こうもく》天、多聞《たもん》天の四天王《してんのう》の立像を浮き彫りにしており、荘厳で見ごたえがある。『江戸名所図会』は「そのありさま尋常《よのつね》の石工の手に出づるものにあらず、極めて妙作なり」という。「延文六年辛丑七月六日施財性了立　道円刊」の銘文があり、南北朝時代の一三六一年、普済寺を開山した物外可什《もつがいかじゅう》の弟子の性了《しょうりょう》によって建てられ、道円という者が彫ったと考えられている。

普済寺は、文和《ぶんな》二年（一三五三）、豪族の立川氏が居館に菩提寺として開基し、鎌倉の建長寺から高僧の物外を招いて開山したとされる。しかし、巨刹である割に、その歴史は不明な部分が多い。立川氏が、室町時代から戦国時代にかけて盛衰し、天正十八年（一五九〇）、豊臣秀吉の小田原攻めにより、主家の後北条氏とともに滅びてしまったためである。

芝崎普済寺　境内に延文年間に制する所の六面の石塔を存せり

立川《たてかわ》 八幡宮《はちまんぐう》 諏訪社《すわのやしろ》 満願寺《まんがんじ》

古社寺が集まっていた柴崎村

【立川市柴崎町一丁目付近】

八幡神社の旧参道に残る大欅

広漠とした原野のただ中に、木立に囲まれた三つの小さな社寺と茅屋《ぼうおく》の集まる村がある。多摩地域の交通や商業の中心都市、立川の江戸時代の風景だという。

画面右上の「すは」と記された神社が、諏訪社。JR立川駅の南口から一〇分ほど歩いた場所に鎮座している神社だ。同社は今も諏訪の森と呼ぶ木立に囲まれている。しかし、画面の左手に描かれた八幡宮は、明治四十年（一九〇七）、諏訪神社に合祀されてしまい、元の参道に欅《けやき》の老樹が立っているだけで、この絵の面影はない。八幡宮の手前にある満願寺も明治初期に廃仏毀釈により廃寺になり、今は住宅地に井戸だけが残されている。

諏訪社、八幡宮、満願寺とも現在の住所でいえば、立川市柴崎町にあった。画面右手の集落に「立川村」とあるが、江戸時代、この地の公称は、柴崎村または芝崎村だった。満願寺の南には「芝崎普済寺」（68頁）に描かれた景色が広がり、多摩川や富士山が見えた。こちらの絵の社寺に比べると、広い境内に諸堂が建ち並ぶ普済寺が、いかに大きな寺だったかわかる。

諏訪社の左上、方角でいえば北西に広がる野原は、今、JR中央本線が横切り、奥の方は、国営昭和記念公園がある辺りだ。まさに「草より出でて草に入る」「曠野《こうや》蒼茫《そうぼう》千里無限《きわまりなし》（野原が青い海のように限りなく広い）」と表現された武蔵野の風景である。

武神、農耕神を祀る諏訪神社

立川あるいは立河という地名は、中世にさかのぼる歴史を持っている。元々、立川は広い範囲を指す郷名で、立川郷の村のひとつが柴崎だったという。平安時代から鎌倉時代にかけて、この地は、武蔵七党《むさししちとう》と呼ばれた武士団に属し、多摩川流域の日野周辺を拠点とする西党《にし》(日奉党《ひまつり》)一族の立川（立河）氏が支配した。立川氏は豪族から鎌倉幕府の御家人になり、普済寺がある場所に居館を築いたと伝えられている。立川の地名は立川氏に由来するというが、この地は立川氏以前から立川郷と呼ばれたともいい、地名の起源は明らかになっていない。

柴崎村の八幡宮は、建長四年（一二五二）、立川氏が武運長久を願って建てた。天正十四年（一五八六）、野火《のび》により焼失した際、立河照重内女お弥々《ねね》という者が、新たに本地仏《ほんじぶつ》を鋳造して納めている。しかし、立川氏は、その四年後、主家の後北条氏の滅亡により没落した。

諏訪社は、平安時代の弘仁《こうにん》二年（八一一）、信州の諏訪大社より勧請《かんじょう》されたと伝わる古社。満願寺は、この地にあった東光院という寺が衰えたため、元禄（一六八八～一七〇四）の頃の住僧が、黄檗《おうばく》宗の名僧、鉄牛道機《てつぎゅうどうき》の力を借りて中興したという。

江戸時代の柴崎村は、幕府の直轄地で、民家の数は約二五〇軒、人口は約一千人。田より畑が多く、尾張徳川家の鷹場であり、多摩川で捕った鮎《あゆ》を将軍家に貢納する課役を負っていた。甲州街道は、この村の河原で多摩川の渡船場に至り、対岸の日野に渡った。

柴崎村は、明治になって立川村と改称され、甲武鉄道の駅ができて以降、町として発展し始める。それまでの立川は、古い歴史を持つ鄙びた村に過ぎなかった。それにしてもこの絵は、古社寺がいくつもあるほどの場所を描いた割に活気が感じられない。普済寺の眺望が見事すぎて、背後にある武蔵野の草に埋もれそうな村の風景が見劣りしたのかもしれない。

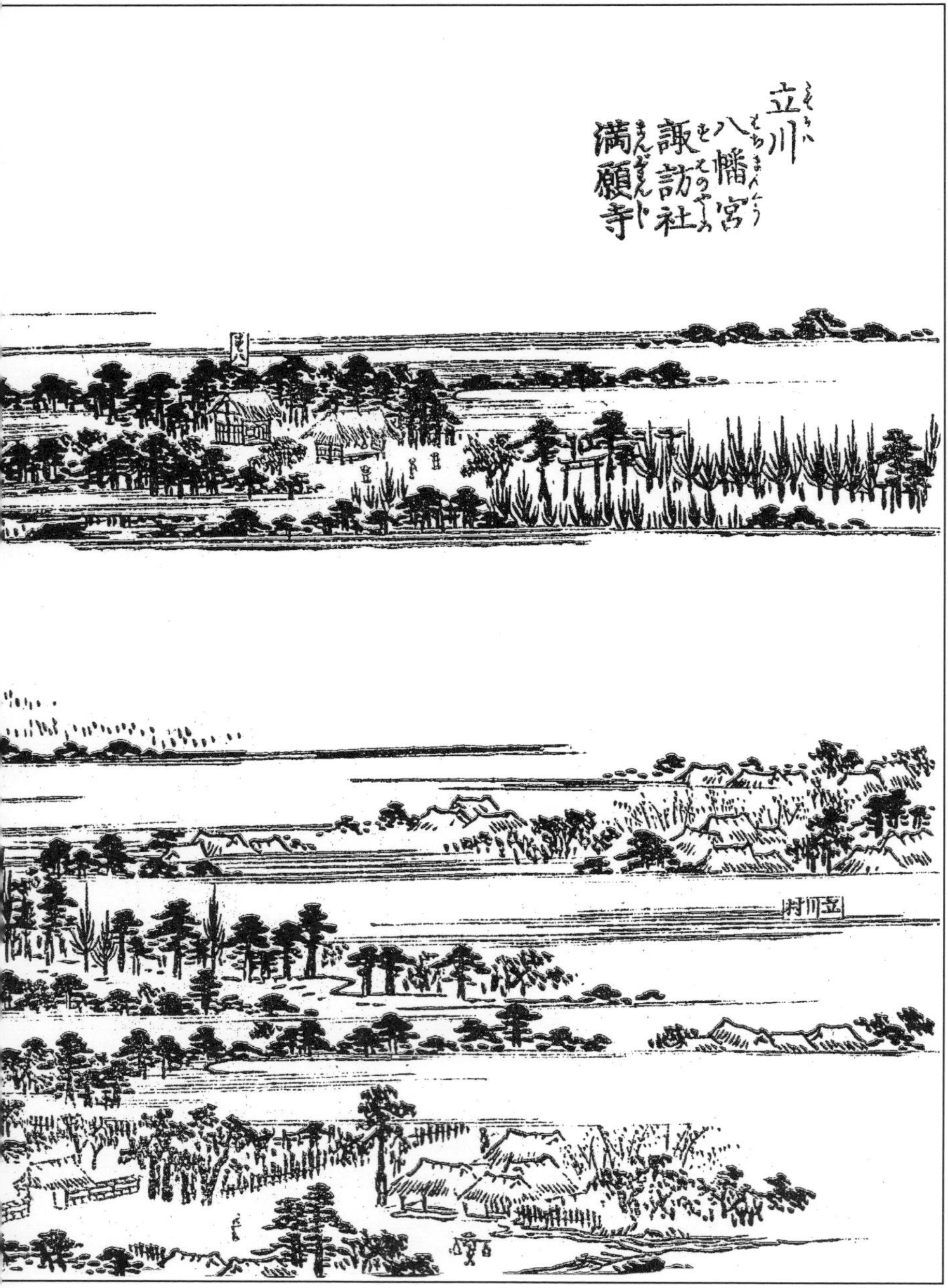
立川《たてかハ》
八幡宮《はちまんぐう》
諏訪社《すはのやしろ》
満願寺《まんぐわんじ》
立川村

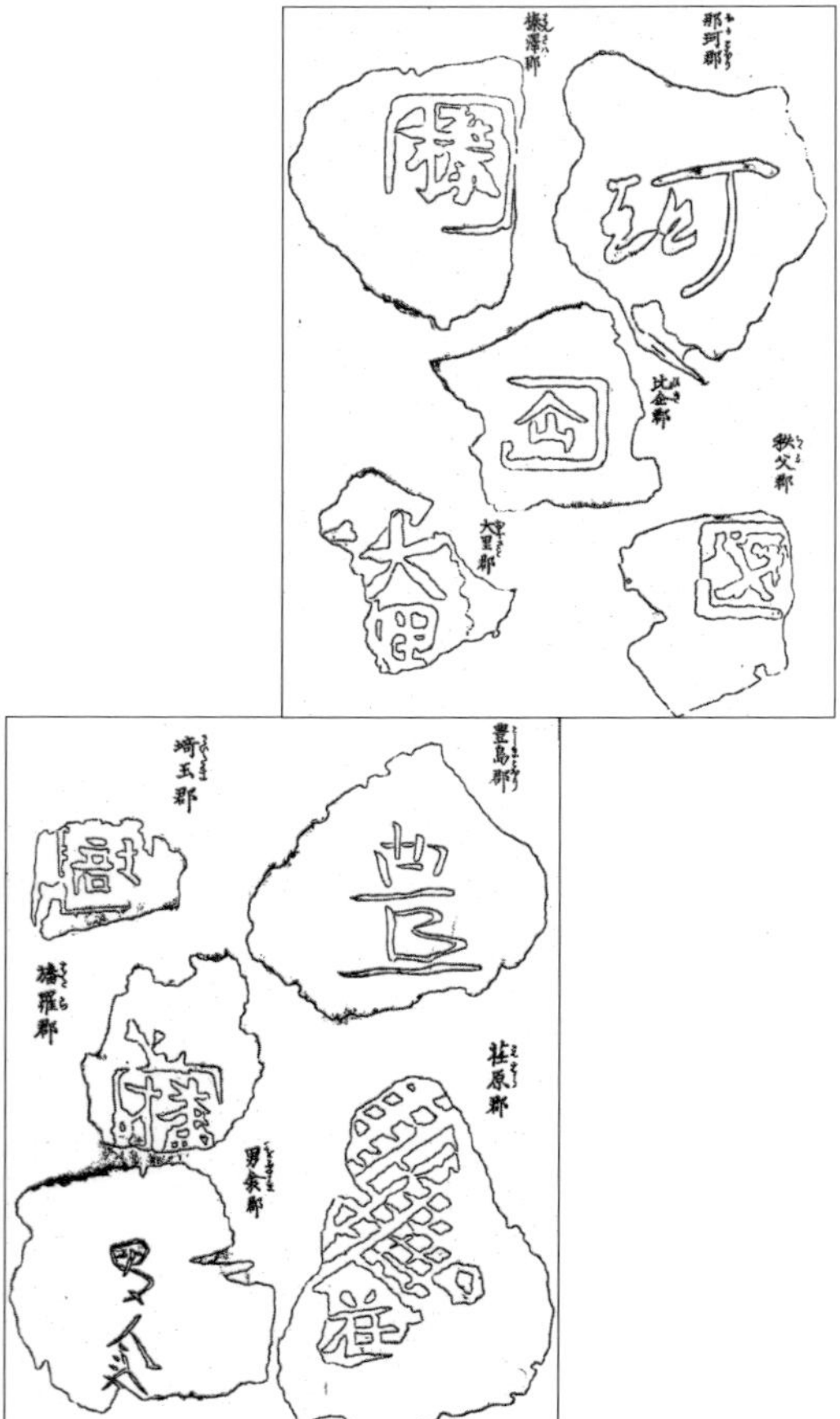

『江戸名所図会』に描かれた、武蔵国分寺跡から出土したとされる古瓦。武蔵国の郡名が記されている（51 頁参照）

京王・小田急沿線

深大寺の境内

大宮八幡宮《おおみやはちまん》

平安の武将、源頼義・義家ゆかりの神社

【杉並区大宮一～二丁目付近】

源氏の氏神を祀る大宮八幡宮

松や杉が茂る森のなか、惣門《そうもん》から社殿まで長い参道が続く。大宮と呼ばれるだけあって広壮な神社だ。江戸後期に幕府の昌平黌《しょうへいこう》（昌平坂学問所）が編纂した地誌『新編武蔵風土記稿』によると、境内の広さは六万坪もあった。画面の右下を流れているのは、神田川支流の善福寺《ぜんぷくじ》川。橋は、今もこの辺りに架かっている宮下橋か。現在、境内の面積は一万五千坪ほどに減ったが、社叢《しゃそう》は鬱蒼とし、善福寺川の岸辺は都立和田堀《わだぼり》公園となって静けさが保たれている。大宮八幡宮は、周囲の環境を含め、この絵の面影をよくとどめているといえる。

大宮八幡宮は、平安時代の武将、源頼義《よりよし》が勧請したと伝えられている。陸奥《むつ》の豪族、安倍《あべ》氏が反乱を起こした際、頼義は陸奥守鎮守府将軍に任じられ、平定するため出陣した。前九年《ぜんくねん》の役《えき》と呼ばれる戦いだ。奥州に向かう頼義が、この地を通り過ぎようとしたとき、空中に源氏の白旗のような奇雲が棚引いた。頼義は、八幡神が影向《ようごう》（出現）したと喜び、康平六年（一〇六三）、凱旋の際、京の石清水《いわしみず》八幡宮をここに勧請して創建したと伝えられている。

寛治元年（一〇八七）には、頼義の長男義家《よしいえ》が、奥羽《おうう》の清原氏を追討する後三年《ごさんねん》の役の帰途に参拝。社殿を改築し、千本の松の苗を植樹したという。境内に、義家公お手植え松の跡があり、新たな松が植えられている。鎌倉幕府を開いた源頼朝も奥州の藤原氏追討のため、この地

参道にそびえる鞍掛けの松

に至ったとき、白鳩が二羽飛び立ったことを八幡神の奇瑞《きずい》とし、当社を厚く信仰した。

戦国時代には、越後の上杉謙信が相模の後北条氏と対立して関東に進攻した際、兵火により社殿を焼失したが、天正十九年（一五九一）には、徳川家康から源氏守護の霊神として社領三〇石の寄進を得ることができ、大名や幕臣からも崇敬された。絵の添書《そえがき》に「当社広前《ひろまえ》の老松《ろうしょう》は、矯々《きょうきょう》として雲を払ひ、数百歳の相を標せり。白石《はくせき》先生もこの松を賞して、奥羽をはじめ房総豆相東海一、洛畿内濃尾の諸州にもいまだかかる長松《ちょうしょう》の多きを見ずと新安手簡《しんあんしゅかん》に記されたり」とある。六代将軍家宣《いえのぶ》と七代家継《いえつぐ》の二代にわたり幕政を補佐した博覧強記の学者、新井白石が「これほど高くそびえる松が数多く生えているのを見たことがない」と書簡に記したのだから、見事なものだったのだろう。

大宮八幡宮の表参道の惣門（今は第一鳥居）の先を左下（東）に進むと、『江戸名所図会』の挿絵に描かれた鞍懸《くらか》け松があった。人の背の高さを超えたあたりで大きく曲がっていた松で、奥州に向かう義家がこの松に馬の鞍を掛けた、と伝えられてきた（１４０頁参照）。

八幡太郎の通称で知られ、「天下第一武勇之士」と評された源義家は、何百年も昔の武将にもかかわらず、江戸の人々に人気があり、奥州遠征の際に立ち寄ったという言い伝えが各地にあった。義家の鞍懸け松は、代々木（渋谷区）にもあり、八景坂（大田区）には、鎧《よろい》懸け松もあった。茅場町（中央区）の鎧の渡しは、嵐に見舞われた義家が、竜神に供えるため、鎧一領を水中に投じた場所と伝えられてきた。大宮八幡宮の参道の鞍掛け松は、代替《だいが》わりしているため『江戸名所図会』の絵と樹形は異なるが、今も同じ場所にあり、地元で大切にされている。

奥羽をはじめ房総豆相東海一洛畿内濃尾の諸州にも未かかる長松の多きを見ずと新案手簡に記され
りあるもいにしへ街道なりし旧称といへり

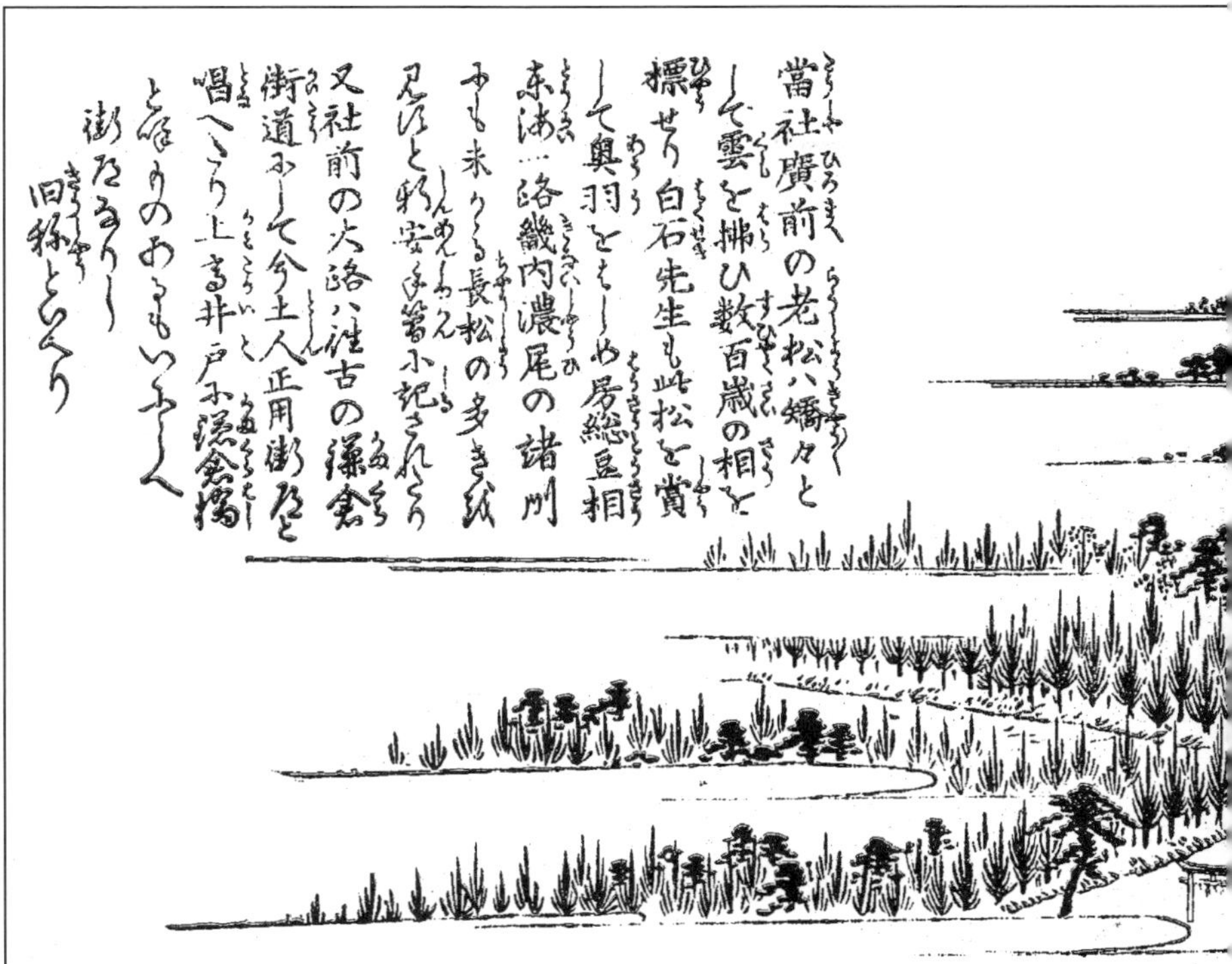

大宮八幡宮　当社広前の老松は矯々として雲を払ひ数百歳の相を標せり　白石先生も此松を賞して
たり　又社前の大路は往古の鎌倉街道にして今土人正用街道と唱へたり　上高井戸に鎌倉橋と呼も

布多天神社《ふだてんじんしゃ》、青渭社《あおいのやしろ》 虎狛社《とらかしわのやしろ》

多摩有数の古社が集まる調布

【調布市調布ケ丘・佐須町・深大寺元町付近】

江戸時代には布田五宿の総鎮守だった布多天神社

平安時代、醍醐《だいご》天皇の勅命により律令の施行細則が『延喜式《えんぎしき》』として五〇巻にまとめられ、巻九と巻十の「神名帳《じんみょうちょう》」に、当時の全国の神社が列記された。名が載った神社は、後々まで式内社《しきないしゃ》として社格を誇った。式内社は全国で三、一三二座（複数の神を祀る神社もあり、社数は二、八六一社）。武蔵国は四四座で、多摩郡には、青渭《あおい》神社、阿伎留《あきる》神社、阿豆佐味《あずさみ》天神社、小野神社、大麻止乃豆乃《おおまとのずの》天神社、穴澤天神社、布多《ふだ》天神社、虎柏《とらかしわ》神社の八座があった。そのなかで、布多天神社と青渭神社が調布市内に現存している。また、市内佐須《さず》にあり、今は虎狛《こはく》神社と呼ばれる神社は、『江戸名所図会』の挿絵では虎狛《とらかしわ》社で、本文では虎柏《とらかしわ》神社だ。

郡内に同名の神社があるなどの理由で、どれが式内社かわからなくなった場合は、それぞれ論社《ろんしゃ》と呼ばれる。青渭神社は調布市と青梅《おうめ》市と稲城《いなぎ》市にある三社、虎柏神社は調布市と青梅市にある二社が、論社だ。しかし、論社になること自体、由緒ある神社であり、古社が集まっているということは、調布の歴史の古さを示している。

「布多天神社」の絵は、左の社《やしろ》が布多天神社で、右の建物は別当の栄法寺《えいほう》である。現在は、京王線調布駅北口の旧甲州街道から天神通りを北に歩き、国道20号を越えると参道の奥に鳥居があるが、この絵では社前に畑が広がり、農民が鍬《くわ》で耕している。「天神」とつくと菅原道

『江戸名所図会』の挿絵に描かれた青渭神社の欅

真を祀る神社と思いがちだが、創建が平安時代前期にさかのぼるような古社は、もとは農耕に関係する天《あま》つ神《かみ》を祀り、のちに菅原道真を祭神に加えたものが多い。布多天神社は、室町時代の文明年間（一四六九〜八七）まで多摩川の岸近く（布田《ふだ》五丁目の古天神《ふるてんじん》公園付近）にあり、少彦名命《すくなひこなのみこと》を祀っていたが、洪水を避けて現在地に移り、その際に菅原道真を合祀《ごうし》したという。

江戸時代、布多天神社がある地は上《かみ》布田村といい、甲州街道沿いは宿場だった。甲州街道の高井戸宿と府中宿の間の宿は、東から国領《こくりょう》、下《しも》布田、上布田、下石原《いしわら》、上石原の五つの宿場が、布田五宿として、人足や馬の継ぎ立てを六日ごとに交代で務めた。五宿あわせても旅籠《はたご》は九軒しかなく、本陣や脇本陣のない小さな宿場だった。

『江戸名所図会』は、上下の布田を「布多の里」として、『万葉集』の「多麻河《たまがわ》にさらす手作りさらさらになにそこの児《こ》のここだかなしき」の歌を引き、昔、この辺りは麻《あさ》の布を多く産出したことや、調布《つきのぬの》（貢《みつぎ》の布）を多摩川で晒《さら》して内蔵寮《くらのりょう》（役所）に納めたことにふれている。

「青渭社と虎狛社」の絵は、手前の祠《ほこら》が青渭社で、奥に見える田畑のなかの松の大木に囲まれた神社が虎狛社。この絵は南の方角を眺めており、雁《かり》が飛んでいる辺りに布多天神社があり、欅《けやき》の大樹を右に行くと深大寺《じんだいじ》に至るはずだ。路傍にススキの穂が揺れ、季節は秋。青渭神社の鳥居の前で、菅笠《すげがさ》を手に持った旅人と穀物の束を背負子《しょいこ》（背負《せお》い梯子《ばしご》）で運ぶ農夫が出会い、立ち話をしている。旅人は、この社の由来でも尋ねているのだろうか。青渭神社は、その昔、社前に湧き水の溜まった大きな池があり、水神を祀り、青波《あおは》天神と称したという。

青渭神社の欅は、江戸時代には既に老樹と呼ばれていたにもかかわらず、今もなお勢いよく葉が茂り、鳥居のわきにそびえている。

布《ふ》多天《てん》神社

青渭社《あをぬのやしろ》
虎狛社
虎狛
青渭

古刹の風格が漂う深大寺の山門

深大寺《じんだいじ》

深山幽谷の趣がある古刹

【調布市深大寺元町五丁目付近】

挿絵は深大寺の伽藍《がらん》を南東の空から見ている。門前町を北に行き、石段を上がって山門を入ると、広い境内に本堂と元三大師《がんざんだいし》堂がある。重要文化財の釈迦如来倚像《しゃかにょらいいぞう》を安置するコンクリート造りの釈迦堂が存在していないことぐらいで、ほかはすべて今と同じ配置のように見える。しかし、深大寺は、慶応元年（一八六五）の火事で、この絵に描かれた堂宇《どうう》のほとんどを失った。焼失を免れたのは、元禄八年（一六九五）建立の山門ぐらいだという。

深大寺は、はけ（国分寺崖線）下に位置し、寺の裏は武蔵野台地だが、この絵を見ると奥深い山のようだ。現在、境内の北は神代《じんだい》植物公園の林で、深大寺は今も木々に包まれている。

「井の頭弁財天」の項（38頁）でふれた『遊歴雑記』の著者、十方庵敬順《じっぽうあんけいじゅん》は、文化年間（一八〇四～一八）に深大寺を訪れている。敬順は、山犬の群が襲い人々を怪我《けが》させた噂を聞き、近村の百姓を案内人に雇って深大寺村にたどり着く。敬順は自他ともに許す臆病者だが、ここが人のいる気配が希薄な寂しい土地だったことも確かなようだ。「この村、幾処《いくところ》となく渓《たに》あり坂あり、高低定《さだま》りがたく莫大《ばくだい》に広し。伝えいふ、昔、弘法大師この地に金剛峰寺《こんごうぶじ》を建立すべかりしに、今少し渓澗《けいかん》（谷間）不足なりとて紀州に高野山を造立し賜ひしといひ伝ふ。実も深大寺の辺は、大樹繁茂し、野猿の声澄《すみ》、澗水《かんすい》（谷川）の音のみ聞えて、更に一切の俗事をはなれ、寂々寥々《じゃくじゃくりょうりょう》

水神の深沙大王を祀る深沙堂

として、心月《しんげつ》（悟りを開いた心）を観ずべき勝地《しょうち》ならんかし」と記している。

深大寺は、天平《てんぴょう》五年（七三三）の草創と伝えられているが、江戸初期の火事で古い縁起が焼けたため、開創の経緯は謎に包まれている。伝承によると、狩猟をする男が妻に諭《さと》され、殺生をやめると娘が生まれた。成長した娘は、福満《ふくまん》という若者と恋仲になったが、父母は許さず、娘を湖の島に住まわせる。福満が深沙《じんじゃ》大王に祈ると、霊亀《れいき》が浮かび出て福満を乗せて島に渡してくれた。神の加護があったことを知った父母は、婚姻を許す。やがて男の子が生まれ、聡明に育って仏門に入り、法相宗《ほっそう》を学び、当寺を開く。名を福功《まんくう》上人といったという。

深大寺の名称は、深沙大王の名から起こったのではないかとされる。深沙大王は、中国、唐《とう》の僧、玄奘《げんじょう》（三蔵《さんぞう》法師）が天竺《てんじく》に赴いたとき、流沙《りゅうさ》で出会った仏教の守護神で、病を癒し、魔を遠ざける。初期の深大寺は、西門の外にある深沙堂を中心にしていたようだ。

九世紀に法相宗《ほっそう》から天台宗に改宗。本堂の本尊は、阿弥陀如来坐像で、宝冠《ほうかん》を頂き、優美にして威厳に満ちた姿をしている。大師堂本尊の慈恵大師《じえだいし》坐像は、平安時代、天台宗の高僧、比叡山の良源《りょうげん》（慈恵大師は死後に徳をたたえて贈られた諡号《しごう》。通称は元三大師、角《つの》大師）が、自らの像をこの寺に安置したと伝えられており、魁偉《かいい》な容貌を伝えている。どちらの仏像も鎌倉時代から南北朝時代にかけて造られた傑作だ。

釈迦如来倚像は、天平以前の白鳳《はくほう》文化の作風を示し、「武蔵国分寺遺跡出土の観世音菩薩立像《りゅうぞう》などとともに、関東最古に属する仏像として知られている。微笑むような柔和な表情を浮かべて端正な姿勢で台座に腰かけており、見る者を魅了する。この像は、明治になってその存在が明らかになったもので、江戸時代の地誌には記載がなく、伝来不詳の不思議な仏像である。

んこふ大しの寺

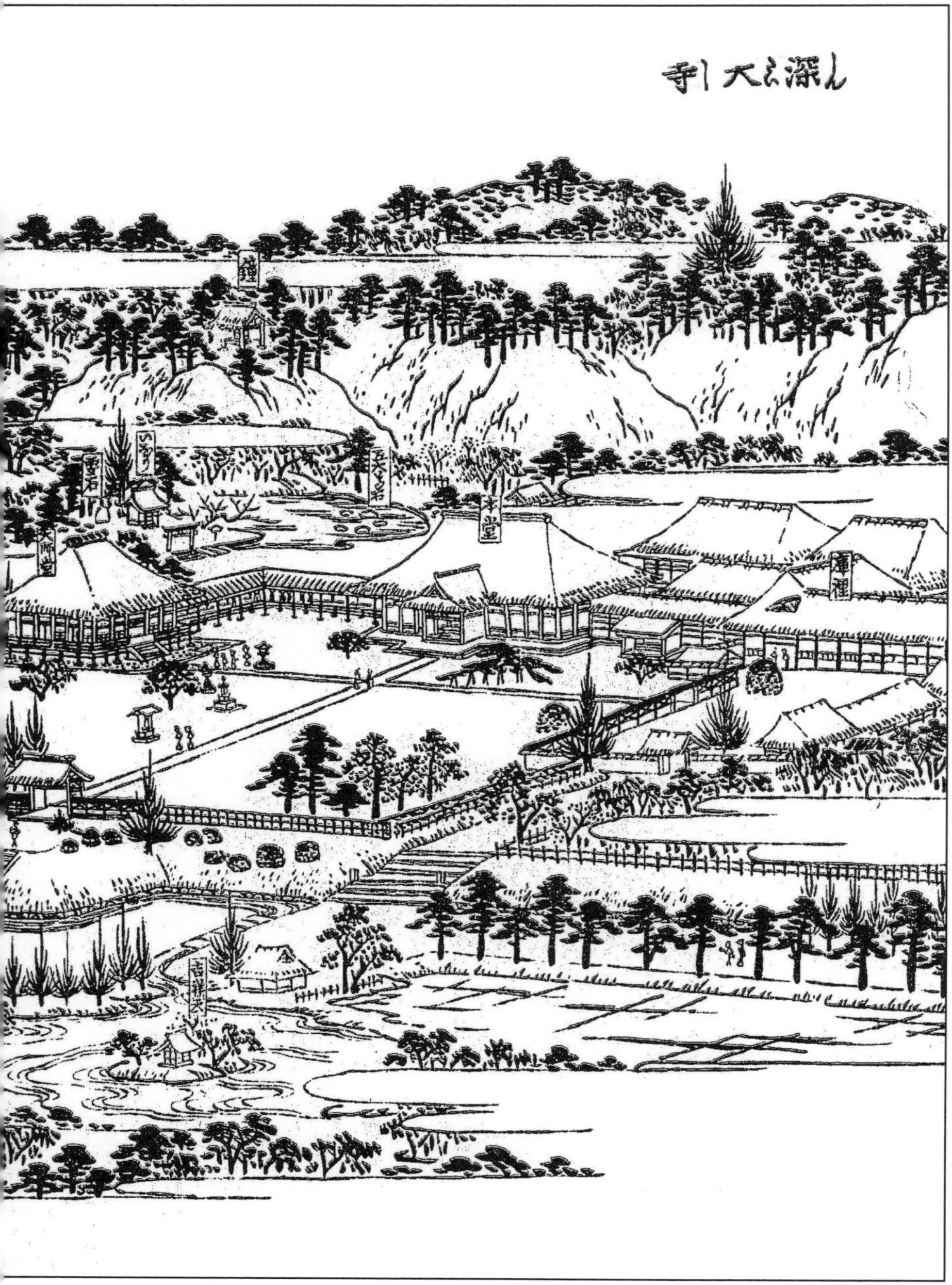

深《じん》大《だい》寺《じ》蕎麦《そば》

江戸で評判の蕎麦を地元で味わう幸せ

【調布市深大寺元町付近】

見晴らしのよい懸造《かけづく》りの座敷で、蕎麦を食べる僧侶と町人。眼下には田が広がり、川が流れる。実った穀物を鳥から守る鳴子《なるこ》、鉤型《かぎ》になって飛ぶ雁《かり》の群れ、風になびくススキの穂や草の花。この絵には秋の風物が満載だ。屋根の上の銀杏《いちょう》の葉は鮮やかな黄に、階段のわきの漆《うるし》は紅に色づいているはずだ。僧は寺で収穫したばかりの名物の蕎麦で訪問客をもてなし、ご満悦の体である。椀や蒸籠《せいろう》に蕎麦切りが山盛りだが、稚児《ちご》と小僧は、まだまだ運んでくる。

説明文に「当寺の名産にして、味《あじは》ひ尤佳《もっともか》なり、都下に称して深大寺蕎麦といふ」とある。深大寺の蕎麦の旨さは、江戸の町で評判だった。寺方《てらかた》だけでなく、門前の店でも食べることができたようで、あらゆる地誌や紀行が誉めそやしている。

「当国の内いづれの地にも蕎麦を植へざることなけれども、その品、当所の産に及ぶものなし、故《ゆえ》に世に深大寺蕎麦と称して、その味ひ極めて絶品と称せり」（『新編武蔵風土記稿』）

「当所の蕎麦は潔白にしてすぐれてかろく好味《こうみ》なり」（『続江戸砂子』）

「深大寺門前の南に一軒の藁屋《わらや》（粗末な家）あり、澗水《かんすい》（谷川の水）を筧《かけい》にて取り、水車を以て蕎麦を粉にするを家業とす。このそば粉は、尋常のごとく挽《ひき》にあらず、水勢をかりてこゝろ永《なが》に搗《つく》ことなれば、飽《あく》まで細密にして風味抜群によし」（『遊歴雑記』）

実りの秋を迎えた深大寺城趾の蕎麦の畑

戦国時代の土塁や空堀が残る深大寺城址

もっとも『本朝食鑑《ほんちょうしょっかん》』に「武総常の地多く之《これ》（蕎麦）を出して佳なりと雖《いえど》も尚《なお》信州の産に及ばず」とあるから、武蔵より信濃の蕎麦が味がよいとされたのだが、江戸の近辺では深大寺の蕎麦が一番だった。『武江産物志』には「蕎麦、深大寺」と深大寺の地名だけが記されている。

深大寺の蕎麦が世間に知られるようになったきっかけは、江戸時代、上野の寛永寺の末寺だった深大寺が、元禄の頃、寛永寺の山主を兼ねていた輪王寺宮《りんのうじのみや》の大明院（後西《ごさい》天皇の皇子、公《こう》弁《べん》入道親王）に蕎麦を献上したところ、ほかの蕎麦とは風味が大変異なっていると言い広められたためだといったことが、寛延四年（一七五一）刊の『蕎麦全書』に書いてある。

一般に、蕎麦の作付けは、野菜を作るのには向かないような肥料分の少ない痩せた土が適しており、深大寺周辺の土地は、『続江戸砂子』に「此所は黒ぼこ土（火山灰と腐植質から成る黒ぼく土）にて蕎麦に応ぜり」とあるように、蕎麦の栽培に合っていた。

深大寺の蕎麦畑は狭く、『江戸名所図会』には「裏門の前、少しく高き畑にして、わづかに八反《たん》一畝《せ》（二、四三〇坪）ほど」だったという。そのため、本物は非常に少なく、近隣の村で産するものも深大寺蕎麦と呼んでいるが、味がよくないと続けていう。しかし、『蕎麦全書』のように、近辺で作るものも旨いという書もあり、味の評価は人さまざまだ。深大寺蕎麦を称賛した人物として大田南畝の名がよく挙げられるが、南畝は「蕎麦の記」という文で、蕎麦の名所名店を連ね、「深大寺そばは近在に名高し」と書きながら、「日野本郷に来たりて、はじめて蕎麦の妙をしれり」と日野宿（日野市）の名主の家で食べた蕎麦を絶賛していたりもする。

蕎麦は初秋に白い花が咲き、晩秋に実を結ぶ。山門南東の神代植物公園水生植物園内にある深大寺城跡には、小さな蕎麦畑があり、毎年秋には、蕎麦の花や実を見ることができる。

深大寺蕎麦
当寺の名産
にして
味ひ尤
佳なり
都下に
称して
深大寺
蕎麦
といふ

深大寺蕎麦　当寺の名産にして味ひ尤佳なり　都下に称して深大寺蕎麦といふ

府中六所宮《ふちゅうろくしょのみや》

武蔵国内の神々を国府に祀る

【府中市宮町三丁目付近】

府中の大國魂《おおくにたま》神社は、江戸時代まで、六所宮、六所明神、武蔵総社《そうじゃ》六所宮と呼ばれていた。その理由は、中世の頃、国府にある神社として、武蔵国の一の宮から六の宮まで勧請し、合祀したためだという。すなわち主祭神の大国魂大神《おおかみ》(素盞嗚尊《すさのおのみこと》の息子で大国主神《おおくにぬしのかみ》の異名のひとつ。大己貴神《おおなむちのかみ》も同じという）と共に、一の宮小野大神（多摩市小野神社)、二の宮小河《おがわ》大神（あきる野市二宮神社)、三の宮氷川《ひかわ》大神（さいたま市氷川神社)、四の宮秩父大神（秩父市秩父神社)、五の宮金佐奈《かなさな》大神（埼玉県神川町金鑽《かなさな》神社)、六の宮杉山大神（横浜市杉山神社）を祀る。

しかし、『江戸名所図会』の本文には「本社祭神、大己貴命《おおなむちのみこと》。相殿《あいでん》、素盞嗚尊、伊弉冊尊《いざなみのみこと》、瓊々杵尊《ににぎのみこと》、大宮女大神《おおみやひめのおんかみ》、布留大神《ふるのおんかみ》、以上六神、これを俗に六所明神と称せり、天下春命《あめのしたはるのみこと》、瀬織津比咩命《せおりつひめのみこと》、倉稲魂大神《うがのみたまおんかみ》、以上三神、これを客来《きゃくらい》三所の御神と称せり。すべて九神、合わせても六所の宮と称す」とある。『新編武蔵風土記稿』は、六神に異なった神を数説あげたうえで、「いまだ孰《いず》れが是《これ》なるをしらず」といい、『江戸名所図会』のように六所宮を式内社の大《お》麻止乃豆乃《おまとのつの》天神とするのを「覚束《おぼつか》なき説なり」と退けている。どうも、江戸後期の神主で国学者の猿渡盛章《さわたりもりあき》・容盛《ひろもり》の父子が明らかにするまで、六所の謂《い》われや祭神はよくわからなくなっていたらしい。天正十八年（一五九〇)、豊臣秀吉軍により北条家が滅び、八王子城が落城し

馬場大門欅並木に立つ源義家像

大國魂神社の大鳥居

た際、六社宮の社も兵火にさらされたためだという。武蔵国の国衙《こくが》（国府の役所）に隣接し、国司が奉斎した神社として貴重な記録や神宝を伝えていただろうに、灰燼に帰し惜しいことだ。ともかく、中世には源頼朝をはじめ武家が厚く信仰し、近世になると徳川家康が五百石の社領を寄進した。六所宮の社領は、三代将軍家光のとき江戸城の鎮守で将軍家の産土神《うぶすながみ》の日吉《ひよし》山王《さんのう》神社（日枝《ひえ》神社）が六百石に加増されるまで、武蔵国の神社では最も多かった。

この絵は、六所宮を北西から俯瞰している。「甲州街道」は、現在の旧甲州街道（都道229号）で、左が江戸方面、右が甲府方面だ。街道に面した鳥居から随身《ずいじん》門を経て拝殿に至る参道や巨木が茂る本殿裏の蒼林の雰囲気などは、今もあまり変わっていないような印象を受ける。街道を隔てた道には、平安時代の武将、源頼義《よりよし》・義家《よしいえ》の父子が前九年《ぜんくねん》の役《えき》の勝利に感謝して苗木を寄進し、家康が補植したと伝えられている馬場大門の欅《けやき》並木も描かれている。

95頁の書き入れは、甲州街道と交差している相州《そうしゅう》街道について、「小野宮と分倍《ぶばい》の境、府中より関戸《せきど》へ行く道は、往昔《むかし》、奥州より鎌倉への通路にして、これを陣海道《じんかいどう》と称しはべるは、元弘《げんこう》より永享《えいきょう》の間、屡《しばしば》戦争の地にてありしかば、かくは字《あざな》せるとなり」と記している。元弘（一三三一～三四）から永享（一四二九～四一）の間の戦争というのは、新田《にった》義貞《よしさだ》が鎌倉幕府を攻めた「元弘の乱」、義貞の子義興《よしおき》が足利尊氏《たかうじ》に対抗した「武蔵野合戦」、前関東管領の上杉氏憲《うじのり》（禅秀《ぜんしゅう》）が鎌倉公方《くぼう》足利持氏《もちうじ》に反逆した「上杉禅秀の乱」、その持氏が幕府と対立して関東管領の上杉憲実《のりざね》と戦った「永享の乱」などを指す。当時の関東は、戦国時代がいち早く到来したように戦乱が続き、北関東と鎌倉を結ぶ鎌倉街道を軍勢が通り、沿道の各地が合戦場になった。鎌倉街道上《かみ》ノ道《みち》は、関戸（多摩市）から多摩川を渡り、分倍（府中市）を経て、恋《こい》が窪《くぼ》

再現された武蔵国府跡

（国分寺市）の宿駅に通じていたが、分倍に府中六所宮への分岐があり、その道を陣街道と呼んだ。『江戸名所図会』の本文は陣街道を「府中本町《ほんまち》より関戸へ行く道の名とす。（中略）鎌倉より北国《ほっこく》・東国《とうごく》へ軍勢を向けらるる頃の通路なりしゆゑに、かく称す」という。

江戸初期、相州街道を南（図では右上）に行った高台に徳川家康の府中御殿があった。元和三年（一六一七）、家康の霊柩《れいきゅう》を駿河の久能山《くのうざん》から日光に移す際、この道を使い、府中御殿に泊まった。そのため、翌年、二代将軍秀忠の命で、大國魂神社に東照宮が造営された。

相州街道と甲州街道との交差点の角に、掟《おきて》や禁制などを知らせる高札場《こうさつば》が見える(95頁左下)。現在ある高札場は、交通の安全に配慮し、道に対して斜めに設置されているが、江戸時代は甲州街道に並行して建てられていたことが、この絵からわかる。

府中宿は、六所宮の東側に新宿《しんしゅく》、西側に番場宿《ばんばしゅく》と本町があった。府中宿の中心の本町は、江戸時代になって整備された甲州街道よりも古く、相州街道沿いに延びていた。府中宿では、三町が一〇日ごとに交替で伝馬役《てんまやく》を務め、東は布田《ふだ》五宿、西は日野宿まで人馬を継ぎ立てた。

97頁の説明文には、六所宮の境内の森にたくさん生息している鵜《う》や鷺《さぎ》などの野鳥が、随身門の内側には入ってこないことが、七奇事《きじ》（七不思議）のひとつとして記されている。他の不思議には、御供田《ごくうでん》の田植えで踏み荒らされた苗が自然に起き上がることや、拝殿前の矢竹《やだけ》は源頼朝が戦勝を祈願したとき、箙《えびら》の上差《うわざ》しの矢を庭前に挿したものが根付いたといったことがあげられている。境内に松の木が全くないのも不思議のひとつとされ、その理由は、大国魂大神が「待つ」ことを忌み嫌い、松を植えても直ちに枯れるためだという。

府中六所宮　小野宮と分倍の境府中より関戸へ行道は往昔奥州より鎌倉への通路にしてこれを陣海道と称はべるは元弘より永享の間屡戦争の地にてありしかばかくは字せるとなり

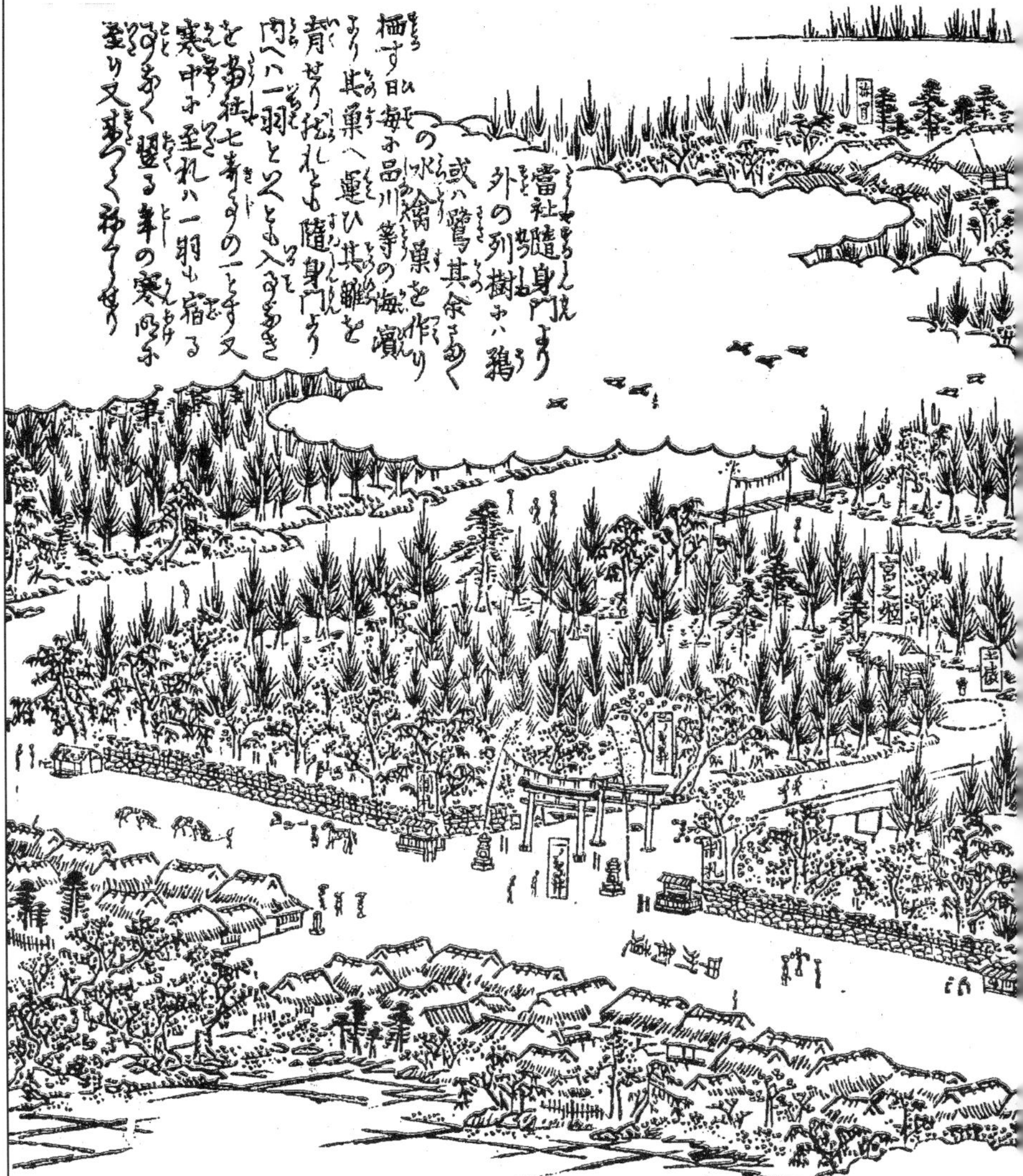

当社随身門より外の列樹には鵜或は鷺其余さまざまの水禽巣を作り栖す　日毎に品川等の海浜よ
其巣へ運び其雛を育せり　然れども随身門より内へは一羽といへども入事なきを当社七奇事の一と
す　又寒中に至れば一羽も宿る事なく翌る年の寒明に至り又来つてねぐらせり

東京競馬場正門

六所宮田植《ろくしょのみやたうえ》

田植えのあとに相撲を取って豊作祈願

【府中市日吉町一丁目付近】

挿絵では田植えを終えた水田に斎竹《いみだけ》として葉の付いた青竹を四本立て、四手《しで》を垂らした注連縄《しめなわ》を張ったその下で、裸の男の子たちが楽しげに相撲《すもう》を取っている。周りは踏み荒らされ、せっかく植えた苗が倒れているが、大人は畦《あぜ》に立って見ているだけで、誰もとがめない。紋付の羽織を着た人々は、近隣の村の名主だろうか。見物客は子連れの女や年寄りが目に付き、地元の人が多いようだが、脚絆《きゃはん》を付け尻端折《しりはしょ》りして、遠方から来たような身なりの男もいる。

六所宮（大國魂神社）では、五月五日の祭礼の翌朝、神社の御供田《ごくうでん》で、豊作を祈願して、田植え神事が行われた。『江戸名所図会』の本文には、「この日、当国の人民《にんみん》、当社に詣《もうで》、神田《しんでん》の豊熟《ほうじゅく》わが上におよばむことを願ふが故《ゆえ》に、秧《なえ》を持《じ》し来《きた》りて田上に集まり、一朝《いっちょう》に挿終《うえおわ》りて後、あるいは躍《おど》りあるいは角力《すもう》を催し、その興とりどりなり」とある。

挿絵の説明文も内容は、ほぼ同じで、武蔵国の民衆が早苗《さなえ》を持って集まり、神田に植え、その際、白鷺《しらさぎ》の造り物で飾った蓋鉾《かさぼこ》を捧げ、「せんはいこうしのからかさ」と歌い、植えたばかりの苗を踏みつけ、泥にまみれて踊り舞う。しかし、不思議なことに、泥のなかに倒れた苗は、一夜のうちに自然に起き上がり育つのだという。「せんはいこうし」の歌の意味は、幕末の神主、猿渡容盛《さわたりひろもり》が書いた『武蔵総社誌』に「何の義なるを知らず」とあるから、江戸時代には既にわ

東京競馬場内の公園、日吉が丘

からなくなっていたらしい。同書は続けて、「相撲の戯をなす。事訖《ことおわり》て男児等、人別に青銅百文を賜ひ、神主家に於《おい》て、饗膳に預らしむる」という。

『江戸名所図会』は、二丁半（五ページ）にわたり「六所宮祭礼之図」を掲載しているが、大國魂神社のくらやみ祭は、江戸時代から江戸郊外の大きな祭りとして知られていた。『東都歳時記』には「子《ね》刻（午前零時頃）、神燈《しんとう》ならびに産子《うぶこ》の家々路次《ろじ》のともしびをことごとく滅して、闇夜に御旅所《おたびしょ》へ神幸《しんこう》あり。奉幣《ほうへい》終わりて還輿《かんよ》の時、篝火《かがりび》を焚き、産子の輩《やから》、桃灯《ちょうちん》夥《おびただ》しく燈《とも》しつれて、神輿《みこし》を供奉《ぐぶ》す。翌日、田植えの神事あり、祭祀《さいし》の次第簡素にして古礼を失わず、これ府外の大祭礼なり」とある。田植え神事まで含めて見ごたえのある祭りとされていたのだ。

多摩出身の儒学者、大久保狭南《きょうなん》は、寛政八年（一七九六）、玉川観魚（多摩川）、金橋桜華（小金井橋の桜）など、武蔵野の優れた風景を八カ所選んで『武埜八景《ぶやはっけい》』（埜は野の古字）を著し、八景の筆頭に「六所挿秧《そうおう》」をあげた。挿秧は苗を植えることで、挿絵には、六所宮の神田で早《さ》乙女《おとめ》が田植えをしている風景が描かれている。

六所宮の御供田は、社の南に広がる低地にあった。『江戸名所図会』は「御田《みた》、六所の宮の後ろの小径《こみち》を過ぎて百歩ばかりにあり。豁然《かつぜん》たる稲田《とうでん》なり」という。豁然とは、視界が広々と開けているさまをいう。大國魂神社の南側は高さ一〇メートルほどの崖だ。六所宮の裏から木々の茂った薄暗い小道を下ると、景色が開け、この絵のような水田が多摩川の河原まで続いていた。その一部が六所宮の御供田だったが、現在は東京競馬場の敷地になっている。

田植え神事は今も全国各地にあり、三重県の伊雑宮《いざわのみや》、大阪府の住吉大社、千葉県の香取神宮が有名。広島県では歌や囃子《はやし》に合わせて早乙女が苗を植える、花田植《はなだうえ》や囃子田も行われている。

鷺の形の造り物ある蓋鉾をささげてせんはいこうしの傘と唄ひ舞ば又さすものはこれものと唄ひて今
はべるが一夜のうちにいとめで度起立て葉末に露むすびなんどしてうるはしき事かぎりなし

六所宮田植　五月六日は御田植の神事にて武蔵国の人民早苗を携へ来りて神田に是を挿めり　郷童Е
植並し田の中に下り立て早苗を踏しだきこひぢにまみれて踊舞　故に有しにも似ずひぢの中にしづみ

一宮大明神《いちのみやだいみょうじん》社、小野神社《おののじんじゃ》

多摩川の両岸に鎮座する同名の神社

【多摩市一ノ宮一丁目付近、府中市住吉町三丁目付近】

多摩川の南岸、多摩市一ノ宮の小野神社

鳥居の前で、子守に話しかけている男が描かれている。社号でも確認しているのだろう。江戸時代、一ノ宮村（多摩市一ノ宮）の小野神社は、一宮大明神と呼ばれた。しかし、大層な社名の割には、鳥居の奥に見える社殿は質素で、少し大きな村の鎮守といった印象を受ける。

一ノ宮の小野神社は、小社《しょうしゃ》でも武蔵国一の宮である。多摩川対岸の府中市住吉町の小野神社とともに、式内社《しきないしゃ》の論社（候補の神社）になっている古社だ。埼玉県さいたま市に鎮座する氷《ひ》川《かわ》神社は、式内社のなかでも特に格式の高い名神大社《みょうじんたいしゃ》で、そちらも武蔵一の宮。しかし、氷川神社が武蔵一の宮と呼ばれるようになるのは、戦国時代以降のことだといわれている。古代の武蔵国は、埼玉方面の无邪志《むさし》、多摩方面の胸刺《むさし》、秩父方面の知々夫《ちちぶ》の三国に分かれていたという説がある。氷川神社、小野神社、秩父神社は、それぞれ国の一の宮だったが、三つの国が武蔵国にまとめられたとき、国府に近い小野神社が一の宮とされたのではないかという。

一ノ宮村の小野神社の祭神は天下春命《あめのしたはるのみこと》だが、江戸時代、武蔵総社六所宮《ろくしょのみや》（大國魂神社）は、天下春命を六所の神として合祀せず、客来《きゃくらい》の神として祀っていた。六所宮が古い縁起を失っていたためだ。古代には総社の大祭に国中の神社から神輿《みこし》が集まったはずだが、江戸時代の六所宮のくらやみ祭は、同社の神輿八基が神幸《しんこう》するものとなっていた。江戸時代も後期になり、六

多摩川の北岸、府中市の小野神社

所宮では、六所の意味する神がようやく判明し、一の宮小野大神を合祀していることがわかる。同じ頃、一ノ宮村の小野神社の氏子《うじこ》は神輿を新調したことをきっかけに、六所宮の五月五日の祭礼への参加を申し出て、神輿の渡御《とぎょ》が多摩川を渡って行われるようになった。小野神社の神輿渡御は、昭和三十年代に交通事情などの理由で中止になるまで続いた。

「小野神社」と題した挿絵の方は、多摩川の北岸、本宿村小野宮《おののみや》（府中市住吉町）の小野神社が描かれている。同社も式内論社で、一ノ宮の小野神社と同じく、武蔵国一の宮ともいわれる古社だ。祭神は瀬織津比咩《せおりつひめ》で、天下春命とともに六所宮の客来神として祀られていた。しかし、この絵を見るかぎり、木立の間の狭い境内に茅葺《かやぶ》きの小さな社《やしろ》が建っているだけで、江戸時代後期、小野神社は、かなり衰微していたようだ。『江戸名所図会』の本文にも「いまわづかに叢祠《そうし》（草木の茂みにある小さな社《やしろ》）を存《そん》するのみ」とある。

小野という地名は古く、古代には、府中一帯が多磨郡小野郷と呼ばれていた。『江戸名所図会』は小野宮村《おののみやむら》として、「小野は上古《じょうこ》、郡村定まらざるときよりの号にして、小野県《おののあがた》と称せし」と書き、小野の牧《まき》の項では「小野はすべて府中の惣称にして、もっとも旧名なり」と記し、小野の地の歴史の古さを強調している。

多摩川の両岸にそれぞれ小野神社があるわけは、川の氾濫により小野宮の小野神社を一ノ宮の地に遷《うつ》し、現在の府中市の小野神社はその旧地だとする説がある。近世以前の多摩川流域は、頻繁に洪水に見舞われ流路も変わっているので、あり得る話だが、一ノ宮には小野宮から神社が遷座《せんざ》してきたという言い伝えはなく、古来、この地にあったという。小野神社が多摩川を挟んで二社ある謎は、今も解けていない。

一宮大明神《いちのみやだいみやうじん》社

をゝいんと
小野神社

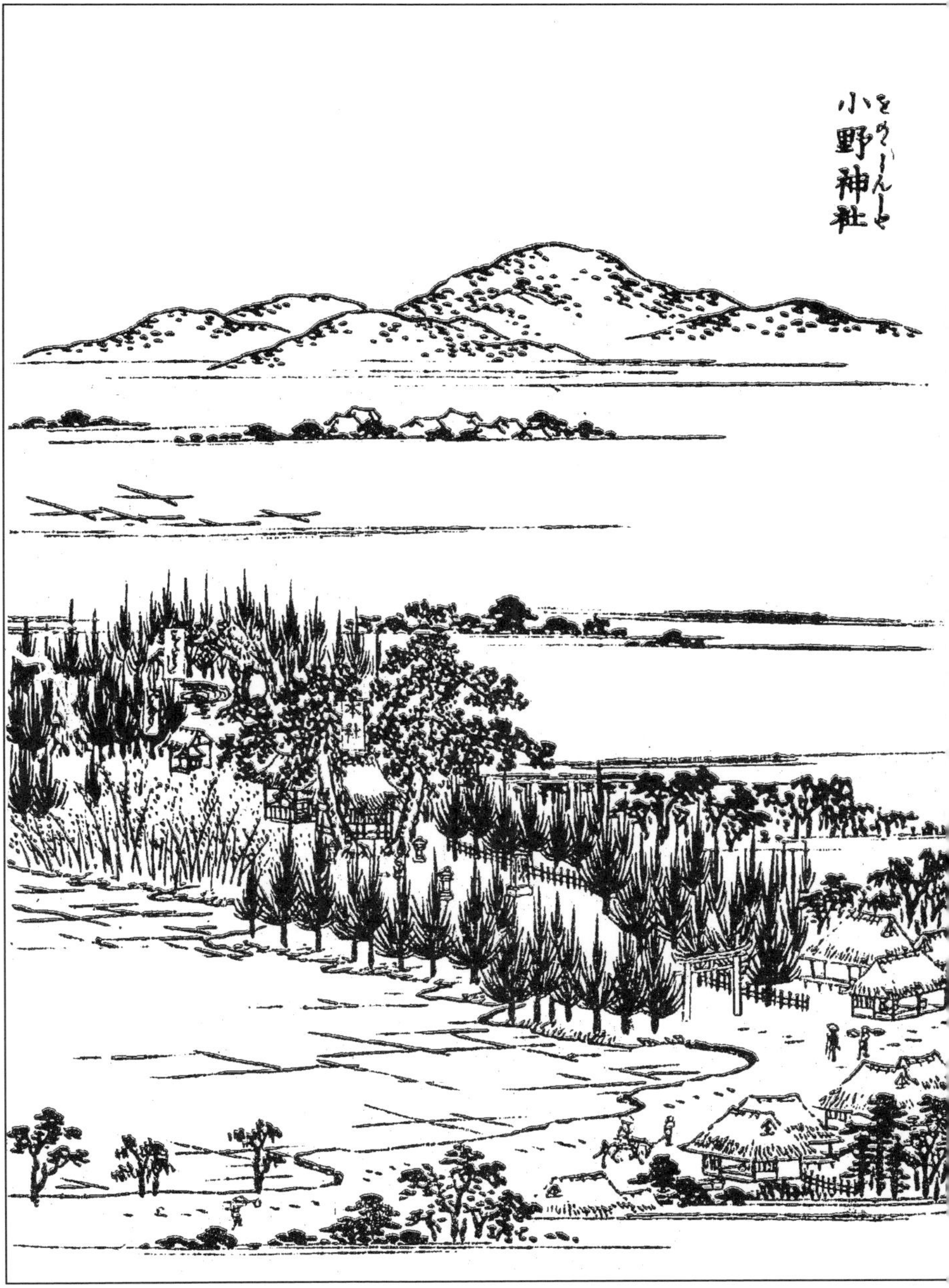

小山田旧関《おやまだのきゅうせき》 関戸惣図《せきどのそうづ》

鎌倉街道上ノ道の関所があった関戸

【多摩市関戸五〜六丁目・桜ケ丘一丁目付近】

新田義貞と鎌倉幕府軍が戦った関戸古戦場跡にある地蔵堂

関戸の地名は、多摩市の京王線聖蹟《せいせき》桜ケ丘駅周辺の町名として今も残っている。聖蹟というのは、明治天皇が連光寺《れんこうじ》村（多摩市連光寺）の向ノ岡《むかいのおか》一帯で兎狩りを行い、同村周辺が御猟場《ごりょうば》になったことに由来するもので、地名としては、関戸の方が遥かに古い。

この絵は、関戸と分倍河原《ぶばいがわら》の間の多摩川の上空から、南の多摩丘陵の方面を眺めている。画面手前を横切る道は、都道41号の川崎街道にあたる。右端に「一宮」とあるのは一ノ宮村で、小野神社の鳥居が小さく見える。この道をさらに行くと百草《もぐさ》村を経て、高幡《たかはた》不動に至る。

川崎街道と多摩丘陵の間を流れる「大栗川《おおくりがわ》」の橋を渡り、曲折する道を画面奥に進むと、「関戸」と記された村がある。現在の住所では、関戸五丁目の辺り。その関戸村から右に尾根をたどると、山頂に「天守台」とある。桜ケ丘一丁目の金比羅宮が鎮座している場所だ。

大栗川の橋から関戸村への道は、中世には鎌倉街道上《かみ》ノ道だった。関戸には、霞《かすみ》の関と呼ばれた関所があったと考えられており、熊野神社には、霞ノ関南木戸柵《みなみきどさく》跡の碑が立っている。しかし、『江戸名所図会』は、この地を小山田旧関《おやまだのきゅうせき》と記す。その名称は、中世の荘園、小山田庄《おやまだのしょう》（町田市）の近くにある関を意味しているようだが、詳しいことはわからない。『江戸名所図会』も「この関戸は小山田庄の咽喉《いんこう》の地なり。ゆえに小山田の関の称あるか」と、はっきりしない。

熊野神社に復原された霞ノ関南木戸柵跡

霞の関の候補地は武蔵国に数カ所あり、『江戸名所図会』は、江戸城桜田門外の霞ヶ関（千代田区）を「霞関《かすみがせき》の旧蹟」としている。そして、室町時代の連歌師、宗祇《そうぎ》の『名所方角抄』を引用して、「霞が関は西に高き岳《おかやま》あり。東向《ひがしむき》のところなれば、ふじ（富士）は見えず、西より河《かわ》ながれたりとあり」と解説している。だが、その文章から想起される風景は、海に近い霞ヶ関ではなく、多摩丘陵の関戸ではないだろうか。

源頼朝は、上野国《こうずけのくに》（群馬県）の狩りに赴く際、関戸を通った。『曽我《そが》物語』には「鎌倉殿（頼朝）は諸国の武士を召し具して、建久四年（一一九三）癸丑《みずのとうし》四月下旬、鎌倉を出《い》で給ひ、化粧《けわい》坂（鎌倉市）をうち越え、柄沢（藤沢市）、飯田（横浜市泉区）をも過ぎ給ひ、武蔵国関戸の宿《しゅく》に着かせ給ふ」とあり、「この所は、朱雀院《すざくのいん》の御時《おんとき》、将門《まさかど》将軍、関戸を立てられしかば、俵藤太《たわらのとうた》秀郷《ひでさと》が霞が関と名づけて打ち破りし昔の事を思ひ出で、語り明かす人もあり」と続く。関戸を通る鎌倉街道上ノ道は、鎌倉の町と北関東を結ぶ最短の道だったのだ。しかしながら、平安時代に関東で反乱を起こした平将門が、ここに関を設け、将門を追討した藤原秀郷が霞の関と名付けたというのは、伝説に過ぎないだろう。『新編武蔵風土記稿』は「この辺には将門の旧蹟の残りし所まあれば、ここに関を立てしこともありしなるべし」と書いてはいるが。

江戸時代後期の文化・文政年間（一八〇四～三〇）、江戸では町人の文化が栄えた。江戸の文化は郊外の町や村に伝播し、多摩の農村でも名主などの富裕層を中心に、学問、俳諧、狂歌、剣術などが盛んになった。関戸村名主の相沢伴主《ともぬし》は、生花《いけばな》、和歌、書画、蹴鞠《けまり》などに優れ、多摩地域の文化の進歩に貢献した。最も得意とした生花では、允中《いんちゅう》流という流派を創始。長谷川雪旦の子雪堤《せってい》に、多摩川流域の絵図『調布玉川惣画図《そうがず》』を依頼したのも伴主だった。

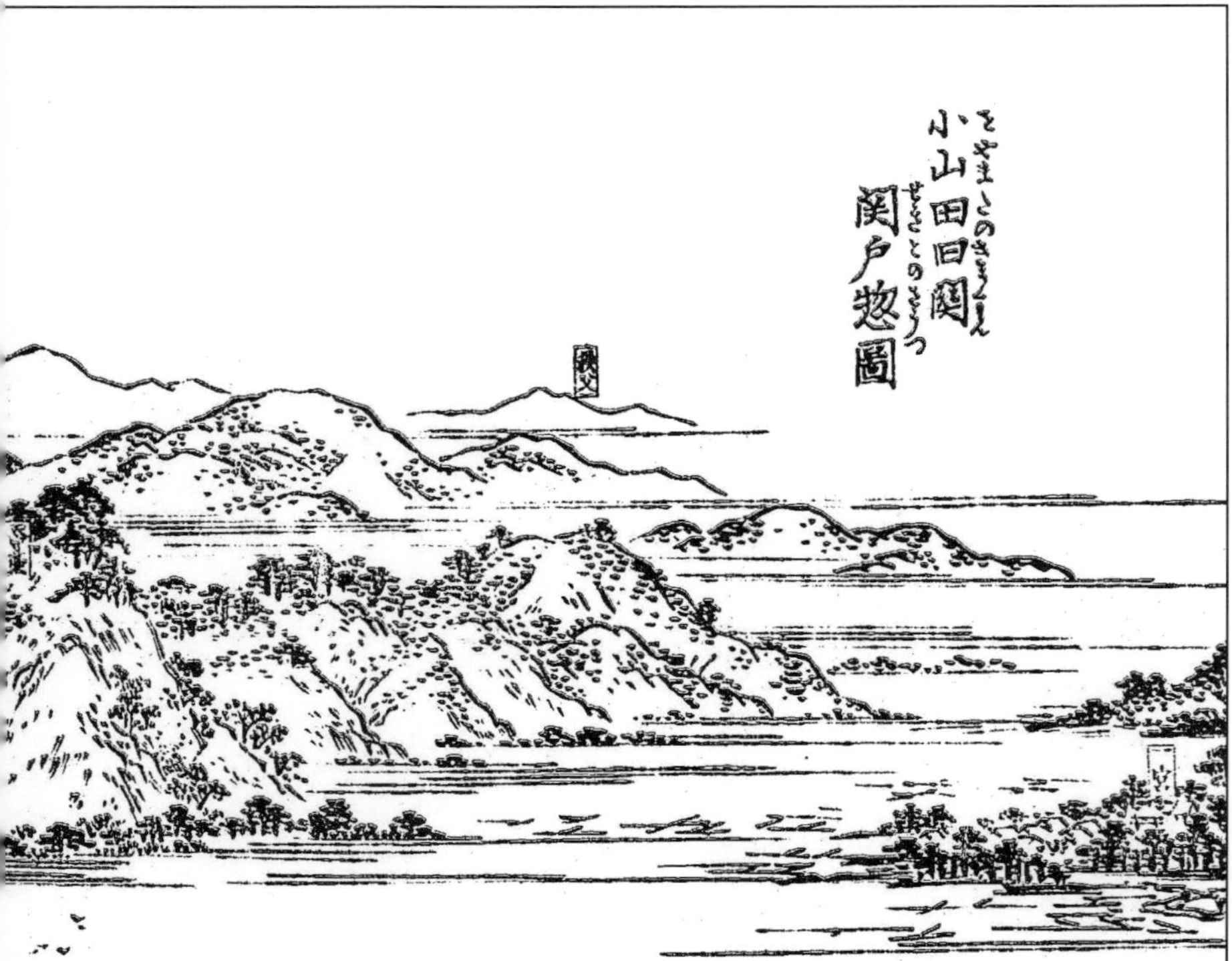

小山田旧関　関戸惣図　六百番歌合　あふ事を苗代水に引とめてとほしいでぬや小山田の関　顕昭

六百番歌合

ひかりまつ苗代水に
いとめくや
そなや
小山田の宴

顕昭

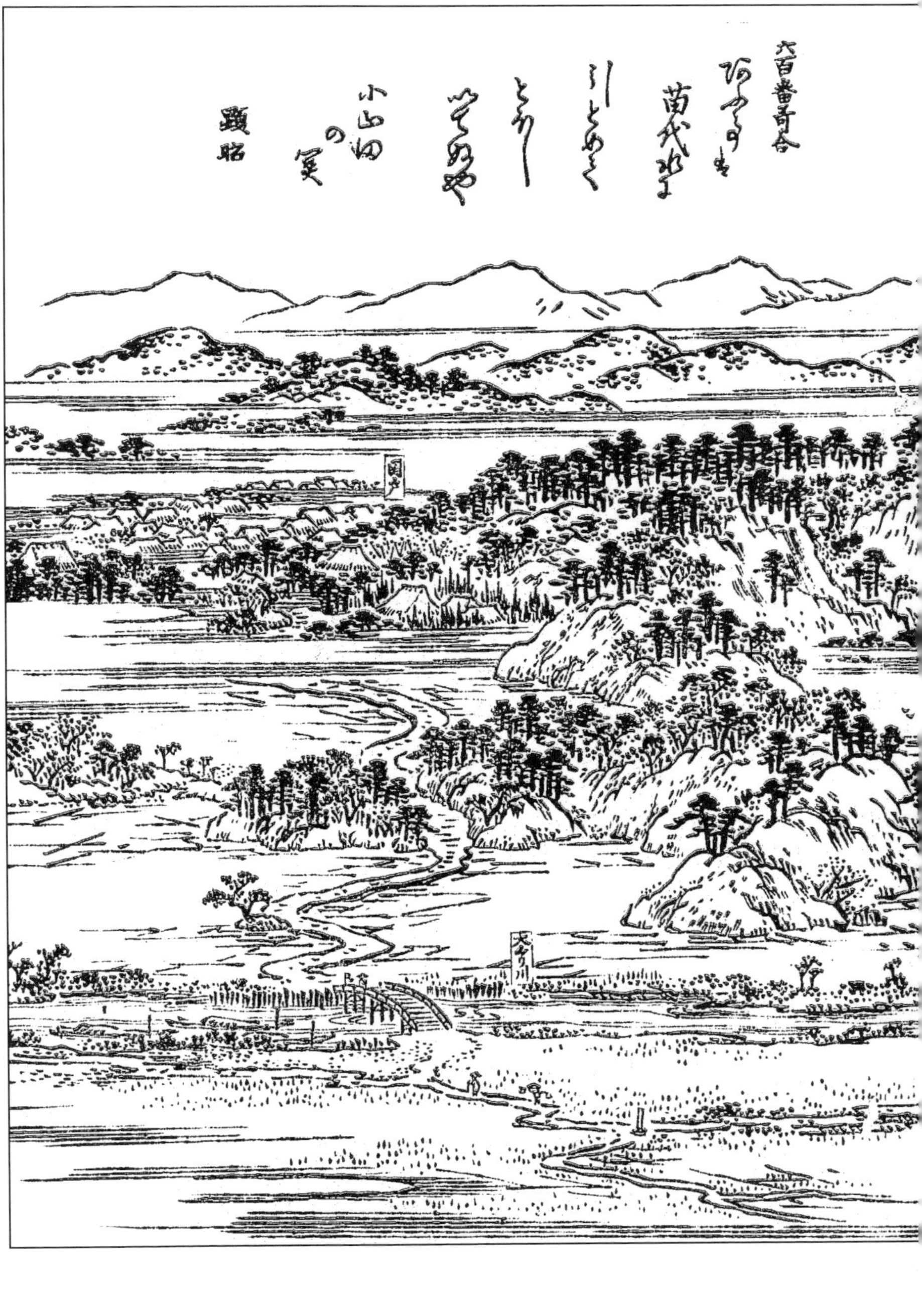

関《せき》戸《ど》天《てん》守《しゅ》台《だい》

眺望絶佳、鎌倉攻略の要害の地

【多摩市桜ケ丘一丁目付近】

新田義貞が陣をすえたと伝わる天守台跡

前掲の「小山田旧関、関戸惣図」の天守台に登り、金比羅《こんぴら》権現の宮を間近に見る。社殿は参拝者が上っていく石段の上、峻険な山の頂の巨松《きょしょう》の根元にある。眺望は抜群で、多摩川が左から右に流れ、府中宿をはじめ、武蔵野を一望に収める。多摩丘陵の風景とは思えないような絵だ。

『江戸名所図会』は、天守台からの眺めを「このところより四望するに、もっとも絶景なり」と讃えている。『新編武蔵風土記稿』は、景色を詳細に描写し、「この山よりの眺望、近郷に類《たぐ》ひなし。北の方はるかに常毛《じょうもう》の山々をみなし、近くは国の内、足立《あだち》、豊島《としま》、荏原《えばら》、多磨、入《い》間《ま》、高麗《こま》等数郡の地おしなべて望み、かつ玉川を前になして、東西に甲府への大路を通じ、東は向ケ岡をうけ、西は百草《もぐさ》、和田の山丘にあり、いはんかたなき絶景の所なり」という。常陸《ひたち》と両毛《りょうもう》の山々を見るとあるが、多摩丘陵はよく晴れて空気の澄んだ日には、関東平野の彼方に、筑波山、日光連山、赤城山などを見ることができるので、決して大仰な表現ではない。

天守台は、鎌倉の武将、新田義貞《にったよしさだ》が陣を構えた場所と伝えられてきた。元弘三年（一三三三）、義貞と鎌倉幕府軍の分倍河原《ぶばいがわら》合戦のとき、関戸も戦いの舞台になった。南北朝時代の軍記物語『太平記』には、鎌倉方の大将の北条泰家《やすいえ》が、義貞軍の追撃を受け、関戸で討ち死にしそうになったが、横溝八郎という武将の奮戦により、鎌倉に退却できたと語られている。分倍・関戸

金比羅宮の北にあるいろは坂桜公園の眺望

の合戦に勝った義貞は、関戸に一日とどまり、関東中から加勢に集まる武士を待つ。その結果、鎌倉攻めの軍勢は、「六十万七千余騎」もの大軍になったと『太平記』はいう。

『武蔵名勝図会』には、「その時、義貞の陣をこの台にすえられける跡ゆえに、土人（土地の人）称して天守台と号しける」とある。日本には、古代から砦《とりで》や館《やかた》や城に櫓《やぐら》はあったが、天守は戦国時代までなかったとされている。『武蔵名勝図会』の著者もそれを知っていて、「往古より日本に天守というものなし。天正元年（一五七三）、信長公、江州安土《あづち》に七層の高楼を経営し、名附けて天守と号す。これ本邦、天守というの始めなり」と書いている。おそらく、関戸の「天守台」という地名は、江戸時代になり、地元の人々が『太平記』にゆかりのある場所を名所旧跡としていくなかで、名づけられたものなのだろう。

中世の関戸が、関東における軍事上の要地だったことは確かだ。南北朝時代、足利尊氏《あしかがたかうじ》と新田義興《よしおき》（義貞の子）が戦ったとき、義興は関戸に陣をおいた。室町時代、前関東管領の上杉禅《ぜん》秀《しゅう》が反乱を起こしたとき、越後の上杉憲基《のりもと》は関戸の陣を通って鎌倉に入った。扇谷《おうぎがやつ》上杉氏と山内《やまのうち》上杉氏が対立したときは、扇谷上杉方の関戸要害を山内上杉方が攻略している。

天守台の金比羅宮は、江戸時代後期の文政年間（一八一八〜三〇）に創建され、『江戸名所図会』は「近頃、山頂に金毘羅《こんぴら》権現の宮を営建せり」と記している。その頃建っていた場所は、現在地とは多少異なる。金比羅宮は、昭和三十三年（一九五八）に火事で社殿を焼失した。当時、桜ケ丘団地の開発が進められており、宅地造成のため、北西方向に六〇メートルほど移転して社殿が再建された。以前は標高も一〇数メートル高かったという。昭和二十年頃の写真を見ると、天守台は雄松《おまつ》がそびえる峰で、雪旦が描いたこの絵の風景そのままである。

関戸《せきと》天守臺《てんしゆたい》
府中
関戸

【日野市百草付近】

茂草《もぐさ》松蓮寺《しょうれんじ》

風流人が訪れた、景色と月の美しい寺

江戸時代後期、清水徳川家の家臣、村尾正靖（号は嘉陵《かりょう》）は、郊外の散策を好み、『江戸近郊道しるべ』という紀行を残した。天保四年（一八三三）十月、嘉陵は、夜が明けないうちに三番町（千代田区）の屋敷を出て、同好の士の稲葉矩美《のりよし》と百草《もぐさ》村に向かう。「そこに松蓮寺といへる寺あり、その山のながめ江戸の近郊に双《なら》ぶものなし」と聞いたからである。

松蓮寺は風光明媚な寺として知られ、月見の名所でもあった。天保九年（一八三八）刊行の『東都歳時記』には「百草村松蓮寺は、府中より一里西にあり、庭中の眺望、玉川の流れを見渡し、月夜の景よし、寺僧に乞ふて一宿すべし」とある。松蓮寺は、明治初期の廃仏毀釈で廃寺になり、百草出身の横浜の生糸商人、青木角蔵《かくぞう》が庭園とし、百草園と名付けた。

この絵には、隣接して建つ松蓮寺と百草八幡宮が描かれている。どちらも東向きに建ち、本堂と社殿を結ぶ木戸が見える。江戸時代、松蓮寺は別当として百草八幡宮を管理していた。中世には、松蓮寺の場所に真慈悲寺《しんじひじ》と称する大寺院があったという。すなわち、百草園は松蓮寺の跡であり、松蓮寺は真慈悲寺の跡なのだが、真慈悲寺の敷地は松蓮寺や百草園よりもずっと広大で、東麓の真堂《しんどう》が谷戸《やと》の一帯に広がっていたらしい。

百草八幡宮の歴史も古く、平安時代、源頼義《よりよし》・義家《よしいえ》の父子が奥州の安倍氏を追討した前九年《ぜんくねん》

百草園の松蓮庵と寿昌院手植の梅の木

多摩川、府中方面を百草園から望む

の役《えき》の帰途に立ち寄り、社殿を造営した（再建ともいう）と伝えられている。

真慈悲寺は、鎌倉の源氏の祈祷所《きとう》だった。八幡宮に伝わる建長二年（一二五〇）造立の銅造阿弥陀如来坐像は、背面に「真慈悲寺施主源氏」と刻まれており、源氏一門の女性から真慈悲寺に寄進されたのではないかという。秘仏だが、年一度、秋の百草八幡宮の祭礼に合わせて公開される。背銘は、『江戸名所図会』に「八幡宮本地仏《ほんじぶつ》阿弥陀如来の像、金銅一尺四寸あり。土中出現の物にして、仏体の背に鐫《え》るところの銘文あり」として転記されている。

真慈悲寺は、鎌倉幕府の滅亡により衰退したと思われる。『新編武蔵風土記稿』は、元弘《げんこう》の乱で新田義貞《よしさだ》が武蔵国分寺を焼いたとき、「当寺も焼けた」と語る松蓮寺の僧の話を載せている。いつ誰が松蓮寺を創建したのかは不詳だが、江戸時代中期の享保年間（一七一六～三六）、小田原藩主大久保忠増《ただます》の室、寿昌院《じゅしょういん》慈岳元長尼《じがくげんちょうに》が中興し、慈岳山松蓮寿昌禅寺と称した。

さて、嘉陵たちは、松蓮寺で宿泊を断られてしまい、夕暮れの道を歩いて高幡不動に泊まる。そのとき矩美が詠んだ歌と句が、晩秋の多摩の風景のもの寂しさを感じさせてなかなかよい。

「百草より高畠《たかはた》への道にて　のり美

入日影うつろふ峯にてりそひてまばゆく向ふ木々のもみぢば

高畠に一宿の夜半過る頃、月は西にかたぶき、ふくろうのなく声ものすごし　同人

ふくろうやさゆる霜夜の月になく」

松蓮寺や高幡不動にかぎらず、多摩は月の眺めが美しい土地だった。『江戸名所花暦《はなごよみ》』は、観月の名所として、浅草川（隅田川）に浮かべた船の上や海上に月が出る品川とともに、一夜の草枕に月を眺める武蔵野と、月が水に映る玉川（多摩川）をあげている。

茂草
松蓮《しようれん》寺

本堂
観音

仁王門の仁王像は室町時代の作

高幡不動堂《たかはたふどうどう》

山上から落ちてきたと伝わる不動明王像

【日野市高幡付近】

多摩丘陵を背に多摩川支流の浅川沿いにある高幡村の不動堂が描かれている。関東三大不動のひとつ、高幡不動尊として知られる高幡山明王院金剛寺《こんごうじ》の江戸時代の景観だ。

仁王門の前を横切る道は、左が関戸（多摩市）、右が八王子方面。門から正面に延びる道の先には、今、京王線高幡不動駅がある。五重塔や法輪閣が建ち並ぶ現在の境内に比べて堂宇は少ないが、仁王門、不動堂、本堂（大日堂）は同じ場所にあり、伽藍配置は基本的に変わっていない。違いは、仁王門が楼門ではないことぐらいだろうか。

現在、不動堂には、平成の修理の際に造られた身代わりの不動明王像が、前立《まえたち》として祀られ、平安時代後期に造られた不動堂本尊の丈六《じょうろく》不動明王坐像と矜羯羅《こんがら》、制吒迦《せいたか》の両童子は、奥殿に安置されている。丈六とは一丈六尺の略で高さ約四・八五㍍の仏像をいう。坐像の場合、高さはおよそ半分になるが、高幡不動の不動明王像は三㍍近くあり、大仏と呼んでもよいほどの迫力だ。火焔の光背《こうはい》を前に、右手に利剣《りけん》を握り、右眼は瞋目《しんもく》（見開く）、左眼は眇目《びょうもく》（細める）、固く結んだ口の両わきからは牙をむき出す。左手に私たち衆生《しゅじょう》を導いてくれるという羂索《けんさく》を持っているが、怒りの形相もの凄く、現代人の目から見ても恐ろしい。一方、両童子の方は、素朴な表情や腕の長さなどが稚拙さを感じさせ、それが親しみにつながっている。この両童子に

境内にある、石田村（日野市石田）出身の土方歳三の像

は伝説があり、『江戸名所図会』は「化人《けにん》の作なりといふ」と記している。化人は人の姿になって現れた仏や菩薩のこと。あるとき一人の僧がやって来て、本尊の不動のために脇士《きょうじ》二童子をわずか数日で造った。立ち去るというので見送ると、三町（約三三〇メートル）ほどして僧の姿が消えた。その地に祠《ほこら》を祀り、別旅《わかたび》明神（若宮神社）と名付けたという。

高幡不動の始まりについて、『江戸名所図会』には「大宝より以前の開創にして、その後、弘法大師再興あり、また慈覚《じかく》大師（最澄の弟子の円仁《えんにん》のこと）再興すといふ」とある。大宝年間（七〇一〜四）は文武天皇の治世だが、同寺の初期の頃の歴史は明らかになっていない。

不動堂は元々、この絵にも描かれている境内南の山の上に建っていたらしい。高幡山や不動ケ丘と呼ばれ、中世には高幡城があった高台だ。しかし、建武二年（一三三五）、大風により堂は倒壊し、平地に移したと伝えられている。境内山裾のお鼻井と呼ばれている湧水があり、不動明王像の首が落ちて鼻まで浸かったとも、鼻をついた場所から湧き出したともいう。

不動堂の僧、儀海《ぎかい》を中心に地頭の平助綱《たいらのすけつな》夫妻ら地元の人々が協力して堂の再建と仏像の修復に取り組み、康永元年（一三四二）に完了。儀海は、高幡不動の中興の祖とされる。その時以来、「諸災あらんするときは、仏体汗を生じたまふ」ことから汗かき不動とも呼ばれた。

南北朝から室町時代にかけては武家の信仰を集め、江戸時代には不動堂領として三〇石の朱印地を認められ、別当の金剛寺は真言宗の僧が学ぶ談林《だんりん》で、三〇を超える末寺を有し、栄えた。

今も高幡不動には、初詣、初不動、節分などの行事はもちろん、不動堂で毎日行われている護摩《ごま》修行には、家内安全、無病息災、商売繁盛、厄除《やくよけ》、火防《ひぶせ》などの利益《りやく》を授かるよう老若男女が集まる。その光景は、寺社の参詣を好んだ江戸時代の人々の姿を彷彿とさせる。

本堂
大師
弁天

高幡《たかはた》不動堂《ふどうどう》
長徳寺
二王門

【狛江市元和泉一丁目付近】

泉龍寺《せんりゅうじ》

名僧の雨乞いで湧出した霊泉

奈良時代に良弁僧正が創建したと伝わる泉龍寺

小田急線狛江駅の北口を出ると、こんもりした森があり、弁財天池緑地保全地区と呼ばれている。弁財天池は、泉龍寺の湧き水が溜まってできた池で、和泉《いずみ》村（狛江市）の地名のもとになった。『新編武蔵風土記稿』によると、昔は出水《いずみ》村と書いたという。

「泉龍寺」の挿絵を見ると、山門の外の右手に鳥居が立ち、弁財天池がある。池の中島に弁天を祀り、注連縄《しめなわ》を張りめぐらした場所には「灵泉《れいせん》」（灵は霊の俗字）と記されている。山門を入ると、本堂、鐘楼、庫裡《くり》のほかに、衆寮《しゅうりょう》や厩《うまや》などもあり、大きな寺だ。衆寮は、禅宗の寺院ならではの建物で、僧侶たちが経典を読み、説法を聞き、知恵を磨く場所。境内には、稲荷、秋葉《あきば》、第六天《だいろくてん》（魔王）、白山、天神、鷲《おおとり》明神の社《やしろ》なども祀られている。

泉龍寺は、雲松山と号す曹洞宗の禅刹だが、『江戸名所図会』に「当寺は良弁僧都《ろうべんそうず》の草創にして、往古は法相《ほっそう》・華厳《けごん》を兼ねて大伽藍なりしとなり。中興を鉄叟瑞牛和尚《てつそうずいぎゅうおしょう》と号す」とある。続けて、「孝謙《こうけん》天皇の御宇《ぎょう》、天下おほいに旱魃《かんばつ》す。よって良弁僧都、請雨《あまごい》の法を修せられしに、奇特ありて清泉湧出すといふ。すなはち門外南の方にある霊泉これなり」という。

良弁は、奈良時代の僧で、はじめ義淵《ぎえん》に法相宗を学び、次に華厳宗を学んで、聖武《しょうむ》天皇から東大寺の前身にあたる金鐘《こんしゅ》寺の住持として迎えられ、天平勝宝四年（七五二）、孝謙天皇のとき、

良弁僧正が雨乞いを行ったと伝えられる弁財天池

大仏造立の功績により、東大寺の初代別当になった人物だ。のちには大僧都から僧正《そうじょう》になっている。その高僧の良弁が、全国的な雨不足に際し、この地を訪れて雨乞いを行うと、泉が湧きだしたという。孝謙天皇のときとも、同帝が重祚《ちょうそ》した称徳天皇のときともいうが、もちろん伝説である。しかし、良弁は、近江国または相模国の生まれといわれ、関東とは縁がなくもない。丹沢南部の大山《おおやま》は良弁が登って開山し、大山寺を創建したと伝えられている。大山は別名を雨《あ》降《ふり》（阿夫利《あふり》）山といい、古来、雨乞いの山として信仰されてきた。

平安時代、廻国の僧が天台宗の寺に改め、観音像を安置した。その後、泉龍寺は衰退し、戦国時代には湧水のほとりに観音堂が建っている程度になっていたようだが、泉祝という旅の僧が、ここを曹洞宗の修行道場にする。徳川家康が関東に入国すると、旗本の石谷《いしがや》氏がこの地に屋敷を構え、住職の鉄叟瑞牛和尚に帰依したことで、寺運はたちまち隆盛。石谷氏から寄進を受け、さらに三代将軍家光からは二〇〇石の朱印状を得た。

「霊泉」の挿絵は、水辺に杖を突いて立つ巡礼の姿が、遠路はるばる関東にやって来た良弁や廻国の僧の姿を思い起こさせる。「槻《つき》（欅《けやき》の古名）の樹の根より湧出」し、「いかなる旱魃にも枯るることなく」と記された泉だったが、昭和四十年代に涸れてしまい、復元工事が行われた。

画面上部の小山に「経塚」と記されている。『江戸名所図会』の本文には「良弁僧都このところに仏経を埋め、松を植て印《しるし》とす」とある。経塚は、五世紀から六世紀に数多く造られた狛江古墳群のひとつで、現存する。経塚の手前から右に流れている川は、多摩川の水を和泉村で取水し、世田谷と六郷の村々の水田を潤した六郷用水。慶長年間（一五九六～一六一五）に、家康の家臣で代官の小泉次大夫《じだゆう》が開削したため、次大夫堀とも呼ばれたという。

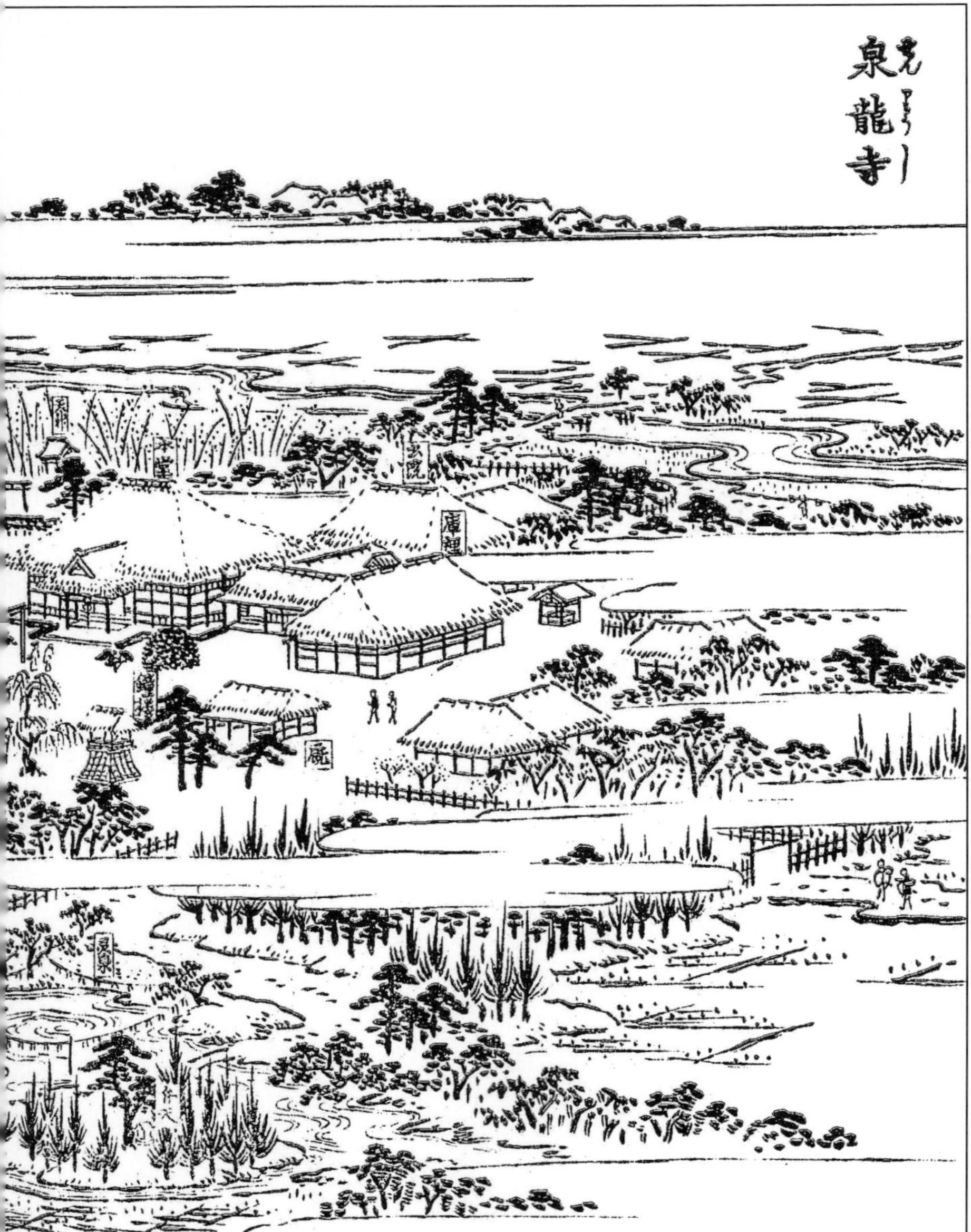
泉《せん》龍《りう》寺《し》

白山

穴澤天神社の巌窟には弁天が祀られている

谷之口《やのくち》穴澤《あなざわ》天神社《てんじんのやしろ》

境内の下に湧水と洞窟が今もある

【稲城市矢野口付近】

雲煙たなびく険しい山の中腹に、穴澤天神の鳥居と社殿が見える。山裾を川が流れ、土手は道として使われている。画面の中央、山の斜面に神社に至る坂道があり、上がり口に水が湧いているようだ。あふれた清水は、小さな渓流となって川に落ちる。湧き水の隣の崖には、注連《しめ》縄《なわ》を張った洞穴があり、「巖崫《がんくつ》」と記されている。まさに、穴澤天神社の名にふさわしい風景だ。『江戸名所図会』の本文には、「当社の麓を澗水《かんすい》（谷川のこと）流れて多麻《たま》川に合す。その流れを隔てて山岨《さんそ》に一の巖崫あり。故《ゆえ》に穴澤の名あり」という。巖窟については、さらに「昔の巖《がん》洞《どう》は崩れたりとて、いま新たに掘り穿《うが》てる洞穴《ほらあな》あり。洞口《ほらくち》は一にして、内は二つに分けてあり。内に種々の神仏の石像を造立《ぞうりゅう》す」と記している。

この絵から受ける印象は、奥深い山中の風景のようだが、描かれた場所は多摩川の中流域、押立《おしたて》村（府中市）や上石原《かみいしわら》村（調布市）の対岸の矢野口《やのくち》村（稲城市）。画面手前には、多摩川まで平地が広がっている。天神社や岩窟の参拝者だけでなく、道には天秤棒で桶《おけ》を担ぐ男や頭に荷を載せて子どもも手を引く女の姿があり、田畑の間の水車小屋には、穀物の入った俵《たわら》を運ぶ男たちがいる。さまざまな働く人々の姿から、ここは人里だということがわかる。

穴澤天神社は、多摩郡に八座ある式内社のひとつだ。『江戸名所図会』は「祭神詳《つまび》らかなら

三沢川の岸に湧き水と洞窟がある

ず」というが、『新編武蔵風土記稿』によると、祭神は少彦名神《すくなひこなのかみ》。奇しくも多摩川の対岸に鎮座する布多《ふだ》天神社と同じである。少彦名神は、大国主神《おおくにぬしのかみ》と協力して国づくりを行った小人の神で、穀霊として信仰された。ちなみに、大国主命は、別名を大己貴神《おおなむちのかみ》、大国魂神ともいい、府中の武蔵総社六所宮《ろくしょのみや》（大國魂神社）の主祭神だ。穴澤天神社の創建は、神話時代の第六代孝安《こうあん》天皇四年と伝わり、紀元前にさかのぼる。菅原道真の神霊である天満天神が合祀されたのは、ずいぶん後のことで、正治元年（一一九九）、土地の童子にお告げがあったときとも、元禄七年（一六九四）、領主の加藤氏が社殿を建立したときともいう。

絵の説明に「この辺傍《かたわら》を小沢が原と号《なづ》く。当社の後ろの山頂は、小沢次郎重政《しげまさ》が住みたりし城趾《しろあと》」とある。重政は、源頼朝の御家人で、稲毛《いなげ》荘（川崎市）から小沢郷（稲城市）にかけての地域を領有した稲毛重成《しげなり》の子。母は北条時政の娘だ。しかし、鎌倉武士の鑑《かがみ》と称された畠山重忠が、北条氏に謀反《むほん》の疑いをかけられて滅ぼされたとき、無実だった重忠の謀殺に加担したとして、重成と重政は討たれてしまった。背景には、北条氏が権力の強化を図ったことや北条氏内部の対立があったとされる。

江戸時代の矢野口村は、はじめは旗本の加藤氏の知行地だったが、後には幕府領になった。平地が広く水に恵まれていたため、水田が多く、畑は少なかった。村人は農閑期に炭を焼いた。

現地を訪れると、境内の下を流れる三沢《みさわ》川に沿って、京王相模原線の高架が延びており、平地の風景は変貌しているが、山麓に御神水が湧き、洞窟があり、木々の茂る険しい斜面を登ると社殿に着くといった地形や雰囲気は、この絵とあまり変わっていない。穴澤天神社の湧き水は、東京都の「東京の名湧水57選」に選ばれており、水を汲みに来る人の姿が絶えない。

谷之口穴澤天神社　此辺傍を小沢が原と号く　当社の後の山頂は小沢次郎重政が住たりし城趾にして文明の頃も金子掃部助此城に楯籠りたるを吉里宮内左衛門尉以下横山より打て出此城を責落す由鎌倉大草紙にみえたり

宗沢天神

二ヶ領宿河原堰付近の多摩川

多《た》磨《ま》川《がわ》

多摩丘陵に沿って流れる大河

【狛江市猪方・駒井町・東和泉付近】

多摩川の左岸から西を眺め、パノラマ写真のように四枚連ねて描いた風景画。説明文に「玉川は砂場広豁《こうかつ》にしてその流れ一帯にあらず」（135頁）とあるように、川の水はいく筋にも分かれて流れ、広い砂州《さす》をつくっている。対岸には多摩丘陵が横たわり、その彼方に相模の大山《おおやま》、秀峰富士、高尾山を一望に収める。気持ちがおおらかになるような開放感あふれる絵だ。

こちら側の岸の集落に「猪《い》の方《がた》」（狛江市猪方）、「駒井」（同市駒井町）、「和泉《いずみ》」（同市東和泉）、向こう岸に「宿河原《しゅくがわら》」「登戸《のぼりと》」（川崎市多摩区）と記されているから、狛江市の多摩水道橋や二《に》ヶ領《りょう》宿河原堰《ぜき》の付近から見た景色だとわかる。かつて、登戸の渡しがあった場所だ。この辺りの土手は、今も景観がよい。両岸とも都市化は進んだが、西岸のビルの間には多摩丘陵が見え隠れし、丹沢や奥多摩の山々も遠望できる。

小田急線和泉《いずみ》多摩川駅で下車して河原に出ると、多くの人々が釣りや水遊びを楽しんでいる。のどかな風景だが、二ヶ領宿河原堰の近くには、昭和四十九年（一九七四）の台風で堤防が決壊し、一九棟の家屋が流失する水害が起きたことを記した碑がある。通常、多摩川の流れは穏やかだ。しかし、上流で大雨が降ると一気に増水し、川幅いっぱいに濁流がほとばしる。

多摩川は奥秩父の笠取山《かさとりやま》（標高一、九五三メートル）を水源とし、山梨県丹波山《たばやま》村を流れていると

水をつかさどる水波能売神（みずはのめのかみ）を祀る水神社

きは丹波川という。東京都奥多摩町の奥多摩湖（小河内ダム）から多摩川と呼ばれ、御岳《みたけ》渓谷を下り、青梅《おうめ》市で武蔵野台地に出て多摩を潤し、東京湾に注ぐ。全長一三八キロ。源流の山々は緑濃く、清冽《せいれつ》な沢の水を集めて流れ出すが、水の大半は羽村《はむら》市にある取水堰で東京都の水道水の原水として取り込まれてしまうため、中下流域の水の多くは、支流から流入した水と下水の処理水である。とはいえ、近年の下水処理技術は高度で、川の水は澄んでいる。

長谷川雪旦《せったん》の挿画は、ごまかしがない。この絵には、当時の護岸の工法や川の渡り方が精緻に描写されている。川岸にある三角に組んだ木と籠《かご》のような物は、聖牛《せいぎゅう》、牛枠《うしわく》、川倉《かわくら》などと呼ばれる護岸のための構築物とその重しの蛇籠《じゃかご》だ。砂利の河床は杭が利かないため、竹籠に石を詰めて木組みを固定し、水の勢いを抑えて土手を保護した。水が流れている所にだけ架けた橋や渡し綱も見える。登戸の渡しは、夏は渡船、冬は仮橋が設けられたというが、画中の説明文には「雨後などには渡り口移転して定まることなし」と記されている。登戸の渡しに代わる交通路となった多摩水道橋の上から川面を眺めると、多摩川の川幅の広さを実感できる。

狛江の五本松と呼ばれる松林の上流、水神《すいじん》前で土手を離れ、住宅地に入ると「多摩川にさらす手作りさらさらになにそこの児のここだかなしき」（『万葉集』巻一四）の歌碑（狛江市中和泉四丁目）がある。『江戸名所図会』の「多磨川」の項にも引用されている東《あずま》歌の秀歌だ。

絵を詳しく眺めると、対岸「宿河原」の右上に「長尾山」とある。長尾山は、生田《いくた》緑地になった枡形《ますがた》山の東の丘。鎌倉時代、枡形山には稲毛重成《いなげしげなり》が築いた城があり、麓の広福寺は居館跡だという。枡形・長尾の周辺には、同寺のほか、天神社（韋駄天《いだてん》の宮《みや》）、妙楽寺、長尾神社（五所権現《ごしょごんげん》社）など、『江戸名所図会』に登場する古社寺が点在する。

多磨川　六玉川のひとつにて今多磨を玉に作る

其二
大山
長尾山
宮河原

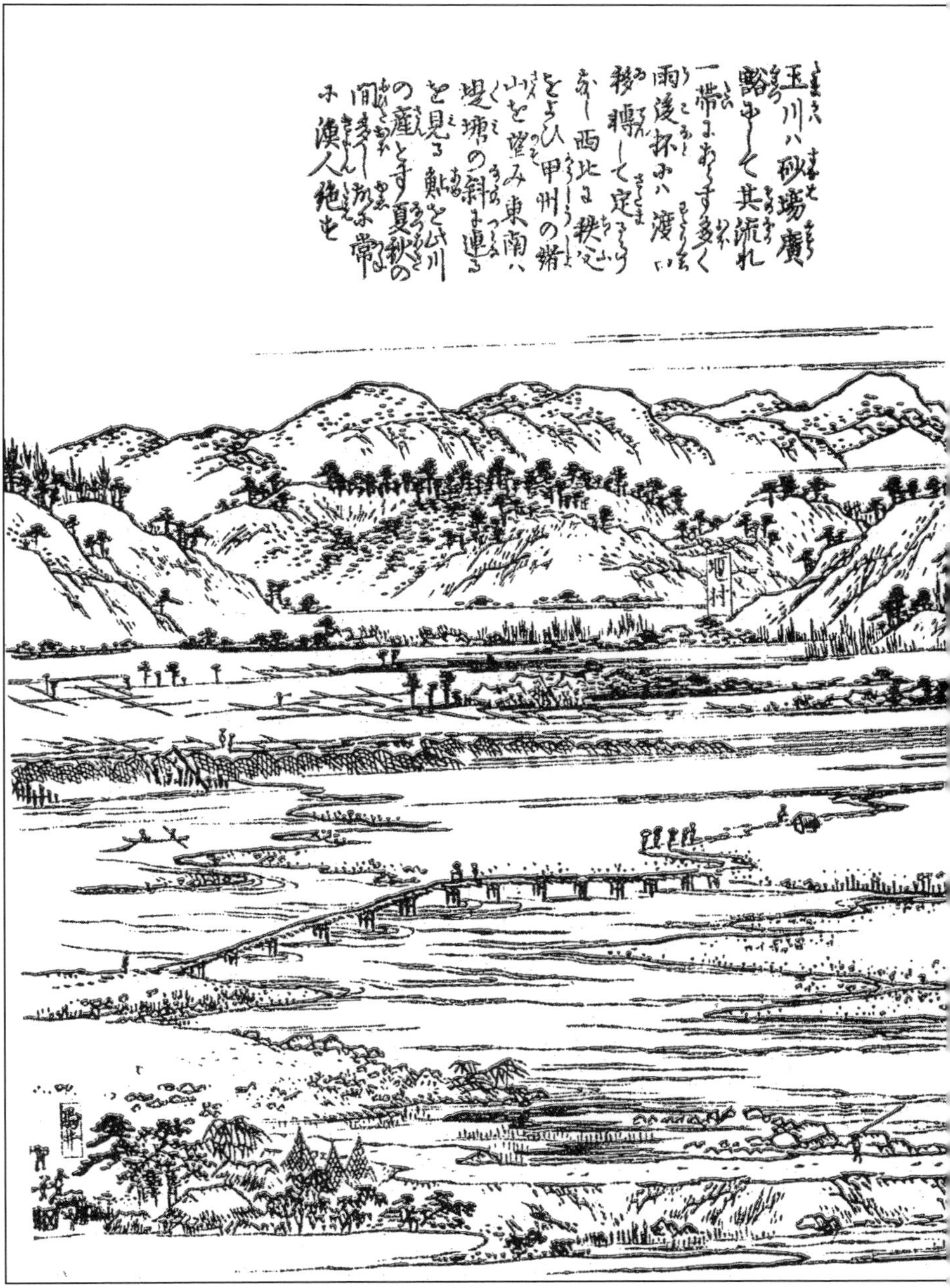

多磨川　其二　玉川は砂場広豁にして其流れ一帯にあらず　多く雨後抔には渡口移転して定る事なし　西北に秩父をよび甲州の諸山を望み東南は堤塘の斜に連るを見る　鮎を此川の産とす　夏秋の間多し　故に常に漁人絶ず

玉川猟鮎《たまがわあゆかり》

将軍に献上された多摩川の鮎

【狛江市駒井町・川崎市多摩区宿河原付近】

狛江を流れる多摩川では、投網を打って鮎を捕る人の姿も

多摩川の鮎釣りの風景だ。瀬の縁から上流を眺めると、土橋が見える。どうやら「多磨川」の絵の下流の光景のようである。鮎のさまざまな捕り方が描かれている。釣り好きの人なら、この絵と葛西の「中川釣鱚《なかがわきすつり》」の絵は、いつまで眺めても飽きないのではないだろうか。

大きな魚籠《びく》を覗き込んでいる二人連れは、腰に煙草入れを下げた洒落た格好からすると、町から来た釣り人だ。少年が鮎を握って駆けてくる。鮎は敏捷な魚だが、昔は多摩川に近づくと鮎の匂いがしたというほど天然の鮎がたくさんいたから、つかみ捕りも難しくなかっただろう。画面の真ん中で尻を向けている男は、どう、うけ、もじとも呼ばれる筒状の漁具の筌《うえ》を流れに沈めようとしている。その上流では、腰蓑《こしみの》を巻いた漁夫が投網《とあみ》を打つ。中州の三人は、並んで釣っている様子を見ると、友釣りではなく、餌釣りか毛針釣りのようだ。

鮎は日本中の川で捕れる魚で、関東では多摩川や相模川が名産地だった。とくに多摩川の鮎は、型や味が優れているとして、幕府に納める御用鮎（御菜《おさい》鮎）になっていた。

鮎は『倭名類聚抄《わみょうるいじゅしょう》』に「春生じ、夏長じ、秋衰え、冬に死す。故に年魚《ねんぎょ》と名づく」とあるように、河口で生まれた稚魚が春に川をさかのぼり、中流域に棲み、秋に川を下り、産卵して一生を終える。遡上しながら成長するため、『武蔵名勝図会』は「府中領の名産とはすれども、魚の大

鮎釣りを楽しむ人々が集まる、日野と立川の間の多摩川

なるは日野、芝崎より拝島《はいじま》、または羽村《はむら》辺に至りて殊に鮮明なる年魚《あゆ》あり」という。

昨今、鮎は友釣りが主流だが、友釣りは割に新しい釣法で、元禄十年（一六九七）刊の『本《ほん》朝食鑑《ちょうしょっかん》』に、京の八瀬《やせ》の里人は馬の尾の毛におとり鮎を結び、近づいてきた鮎を引っかけて釣るとあるのが最古の記録といい、江戸時代には一般的ではなく、明治以降に広まった。鮎は成長すると川底の石についた藻《も》を食うが、若魚《わかうお》の頃までは川虫や水面に落ちた虫を捕食するため、餌や毛針（蚊《か》針）で釣れる。江戸後期の釣りと漁具の解説書『魚猟手引《かわがりてびき》』（城東漁夫《じょうとうぎょふ》著）には、鮎は「かばりにてつる。かばりといふものは、鶏《にわとり》の羽子《はね》にて作るものなり」とある。

一方、鵜飼《うかい》の歴史は古く、万葉の頃から行われていた。この絵に書き入れてある「篝火《かがりび》の影にぞしるき玉川の鮎ふす瀬には光そひつつ」は、平安時代、後朱雀《ごすざく》天皇の娘、楳子《ばいし》内親王が主催した歌合《うたあわせ》で詠んだ鵜飼の歌だ。多摩川では、通常、舟を使わず川の中を歩く徒鵜飼《かちうかい》が行われた。よく見ると前掲の「多磨川」の絵にも、縄を持つ漁夫と鵜が小さく描かれている。

『武蔵名勝図会』には、鵜飼の鮎は「鵜の嘴《くちばし》にて疵《きず》がつくゆえ、貴人の厨下《ちゅうか》には用いず」とあり、御用鮎にはしなかったらしい。御用鮎は「網《あみ》を以て漁し、（略）これを生簀《いけす》にて養いて、御用のとき日を違えず奉る」ようにしていたという。『魚猟手引』に「武州玉川にては、うなわにてやなへおいこむ」とある。多摩川では、長い縄《なわ》に鵜の羽や藁《わら》やシダの葉をつけて川に張り、鮎を脅かして、網や簗《やな》や筌に追い込んで捕る漁法が盛んだった。上納は苦労でも御用鮎以外の鮎を江戸の川魚問屋に売ることができたため、漁業権を得た村の人々は潤ったという。『江戸名所図会』の「代太橋《だいたばし》」の挿画で天秤棒を担いだ男たちが運ぶのは、鮎の入った籠《かご》だ。魚は鮮度が命。鮎担ぎは多摩川沿いの村々から江戸の町まで、休まず駆け通したという。

玉川猟鮎　夫木　禖子内親王家哥合　篝火の影にぞしるき玉川の鮎ふす瀬には光そひつつ

夫木　伏見院親王　衆議會

荊すの
　鮃ふを
　忘るな
玉川の
　鮎ふすを
漱ハ
　光と
　立沢
　　清ふ

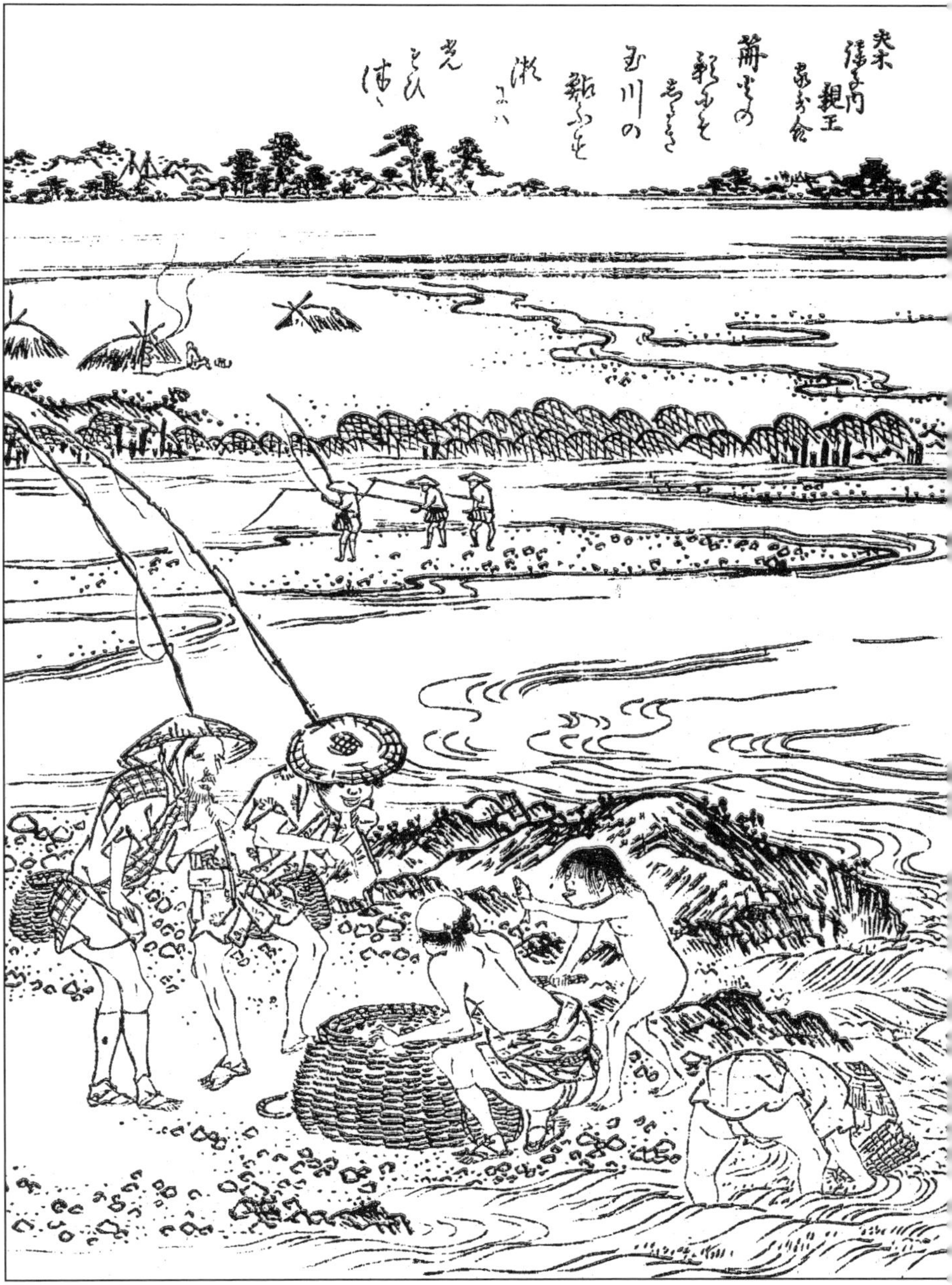

大宮八幡宮参道の「鞍懸松」。代替わりをしているので樹形は異なるが、今も同じ場所に松がある（76 頁参照）。中央の男は現地を調査する編者の斎藤幸孝（月岑の父）という説がある。

西武沿線

山口観音の七福神堂と本堂

高《たか》田《た》馬《ば》場《ば》

堀部安兵衛が助太刀した決闘の現場

【新宿区西早稲田三丁目付近】

馬場は、武士が弓馬の調練や競技をする場所。高田馬場は、町名や駅名になったこともあり、後世に存在が知られているが、江戸には旗本たちが使う馬場が一〇カ所以上あった。『江戸名所図会』には、高田馬場以外に、初音《はつね》の馬場とも呼ばれた「馬喰町《ばくろうちょう》馬場」（中央区日本橋馬喰町）や木挽町《こびきちょう》（中央区銀座）の「采女《うねめ》が原」の馬場の挿画も載っている。

絵を見ると、奥では馬を走らせながら的を射る流鏑馬《やぶさめ》を行っており、手前では弓の稽古をしている。画面中央の小さな円は、右側の射場《しゃじょう》の的で、松並木の間に片肌を脱いで立射《りっしゃ》する武士たちの姿が小さく見える。一方、左端の同心円が描かれた霞的《かすみまと》は、画面の外から射ている。ふたつの的の周囲には矢が散らばっているが、すべてが的中しなかったわけではない。稽古用の矢の先端は、的に突き刺さらないように丸みが施されていたのだ。

早稲田通り北側の住宅地にある高田馬場跡の説明板

高田の馬場は、現在の早稲田大学の西、早稲田通りの北側にあった。大きさは『江戸名所図会』の本文に「追い廻しと称して二筋あり。竪《たて》は東西へ六町に、横の幅は南北へ三十余間あり」とある。東西は約六五五メートル、南北は約五五メートル。追い廻しというのは、中央に土手を設け、両端を開けて、騎馬で周回できるようにした馬場のことだ。

高田馬場は、寛永十三年（一六三六）、幕府が築造した。それ以前から馬場として使われて

水稲荷神社に建っている堀部安兵衛の碑

いたという話もあるが、本文に「相伝ふ、昔右大将頼朝《よりとも》卿、隅田川よりこの地に至り、軍の勢揃《せいぞろ》へありし旧跡なりといへり」や「またいふ、北の馬場は武田信玄《しんげん》入道、小田原の北条家を攻むるとき、馬を試みられたりし旧跡なりといふ」とあるのは、こじつけが過ぎるだろう。江戸で最も古い馬場は、慶長五年（一六〇〇）、関ヶ原の戦いのとき、馬揃《うまぞろ》えを行った馬喰町の馬場だという。「大将軍家御代《みよ》の始めには、国家安全の御祈祷《きとう》のため、御嘉例《かれい》としてこの地において流鏑馬の式あり」というのは、史実だ。八代将軍吉宗は、享保十三年（一七二八）、ここで流鏑馬を行い、高田八幡宮（穴八幡宮《あなはちまん》）に奉納した。元文三年（一七三八）には、九代家《いえ》重《しげ》の子（吉宗の孫）竹千代（十代家治《いえはる》）降誕の報賽として流鏑馬を行い、以降、将軍の世継《よつぎ》が生まれたときなどに、高田馬場で流鏑馬が催されるようになった。

松並木の手前の道は、武家が目につくが、馬子や旅人も往来する。小ぎれいな茶屋があり、藤棚の下で休む男や座敷で酒宴を開く人々が描かれている。馬場は、仲間が集う社交場でもあったのだろう。江戸の庶民や地方から江戸に出てきた武士なども高田馬場を見物に来たようで、歌川広重の浮世絵『名所江戸百景』や地誌『絵本江戸土産《みやげ》』にも馬場の風景が描かれている。

高田馬場は、のちに赤穂《あこう》義士になる堀部安兵衛の武勇伝の舞台として有名だ。安兵衛は本名を中山武庸《たけつね》といい、新発田《しばた》藩士だった父の死後、江戸に出て、江戸随一と評判の堀内道場で剣術を学び、師範代を務めるほどの腕前になる。そして、元禄七年（一六九四）、伯父甥の義《ぎ》を結んでいた菅野六郎左衛門の決闘の助太刀《すけだち》をして勇名を馳せ、赤穂藩士の堀部家の婿養子になった。安兵衛は高田馬場で三人斬ったというが、講談などでは一八人斬りとして知られる。水稲荷神社（西早稲田三丁目）の境内に、明治になって建てられた堀部武庸加功遺跡之碑がある。

たかだのばば
高田の馬場

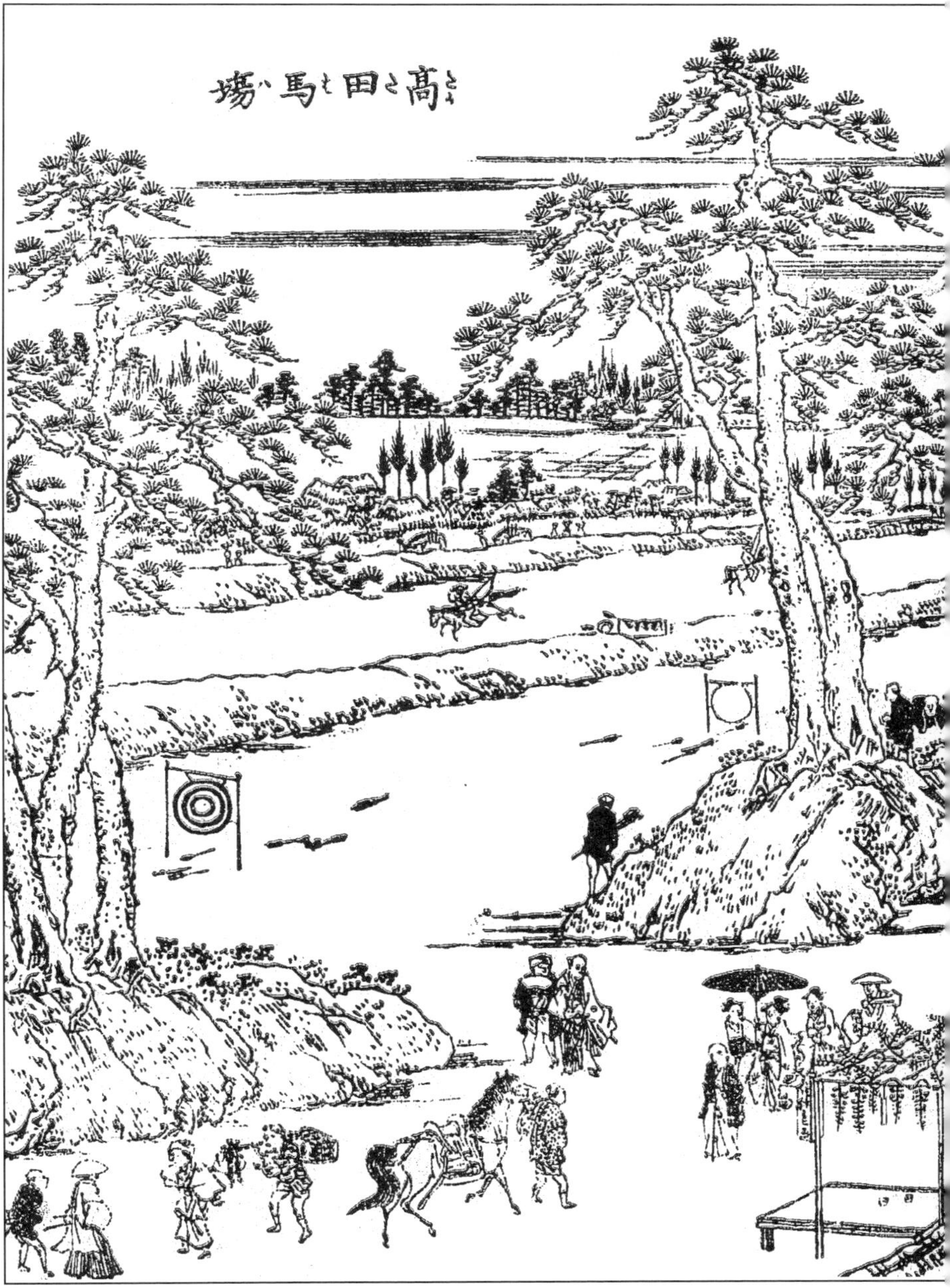

神田川に架かる面影橋

姿見橋《すがたみのはし》 俤《おもかげ》のはし

太田道灌の山吹伝説の舞台

【新宿区西早稲田三丁目・豊島区高田一丁目付近】

高田馬場の北を流れる神田上水の「俤の橋」が描かれている。現在の神田川の面影《おもかげ》橋にあたる。画題の「姿見橋」は、絵の右端、田んぼの先の小川に架けられた小橋になっている。

江戸時代、二つの橋の名は混乱していた。『新編武蔵風土記稿』は、『江戸名所図会』と同じように、神田川の橋を「面影橋」、その北の小橋を「姿見橋」としている。しかし、嘉永《かえい》年間（一八四八〜五四）に出版された江戸の地図『江戸切絵図』を見ると、神田上水の橋が「姿見橋」になっている。俤の橋は姿見の橋の別名で、二つは同じ橋という説も昔からあり、蛍《ほたる》の名所として姿見の橋の名をあげた『江戸名所花暦』には、「姿見の橋、俤の橋とも云《いう》」とある。

この絵に準じて、神田上水の「俤の橋」を渡る。丸太を並べた上に土を敷いて橋面を平らにした土橋である。橋の上では、坊主が合掌して流れを眺めている。水面に思い出の人の顔でも見えるのか、思わせぶりな仕種だ。対岸の水田の間の道をたどり、姿見橋を渡った先には、氷川明神社、南蔵《なんぞう》院、金乗《こんじょう》院と社寺が続く。さらに進むと、雑司《ぞうし》ケ谷《や》の鬼子母神《きしもじん》堂に至る。

俤の橋を渡っている町人の家族は、鬼子母神堂に参詣に行くのだろう。鬼子母神は、子宝や子育ての神として人気があった。橋の手前の風車を持った男も鬼子母神の参詣帰りに違いない。風車は、麦藁《むぎわら》細工の角兵衛獅子の人形や薄木菟《すすきみみずく》とともに鬼子母神堂の名物だった。

将軍家光が鷹狩りの際に訪れた南蔵院

橋のたもとでは、地面にむしろを敷いて座った男が亀を売り、子どもがそれを見ている。江戸時代、鳥や魚などを放す放生会《ほうじょうえ》が各地の社寺で盛んに催された。人々は供養や慈悲の心から、あるいは功徳《くどく》を積むことでご利益《りやく》を期待して生き物を空や境内の池に放した。また、川や池のほとりでは、放生会にかぎらず普段から、捕まえた亀を道行く人に売って放させる商売が行われていた。放《はな》し亀は、この絵のように甲羅を紐で縛り吊り下げて売った。川柳集の『誹風柳多留《はいふうやなぎだる》』に「はなし亀一日ちうをおよいでる（放し亀一日宙《ちゅう》を泳いでる）」という句があり、広重の『名所江戸百景』の「深川萬年橋《ふかがわまんねんばし》」には、隅田川を背景に宙吊りの亀が描かれている。

俤の橋の手前の一帯は、江戸城を最初に築城した室町時代の武将、太田道灌《どうかん》の山吹《やまぶき》伝説ゆかりの地で、「山吹の里」と呼ばれた。『江戸名所図会』は、絵入りで山吹伝説を紹介している。

ある日、鷹狩りに出かけた道灌は、急な雨にあい、農家で雨具を借りようとした。しかし、出てきた女は黙って山吹の花を一枝差し出すだけだった。その女の態度を理解できなかった道灌は、城に帰り、侍臣にこの出来事を語る。するとなかの一人が、女は「七重八重《ななえやえ》花はさけども山吹の実のひとつだになきぞかなしき（わびしき）」という古歌を踏まえ、蓑《みの》がないことを詫びたのではないかと答えた。道灌は、己が不明を恥じ、以来、歌道に親しんだという。

道灌のこの逸話は人気があり、山吹の里の舞台とされる地は、高田馬場だけでなく、埼玉県越生《おごせ》や横浜市六浦《むつうら》など関東各地にある。伝説のはずだが、新宿六丁目（江戸時代は東大久保村）の大聖院《だいしょういん》には、道灌に山吹の花を差し出した紅皿《べにざら》という名の女の墓が残っている。

面影橋を訪れたら金乗《こんじょう》院に足を延ばすとよい。境内に五色不動のひとつ、目白不動堂がある。もとは関口（文京区）の新長谷寺《しんちょうこくじ》にあったが、昭和二十年の空襲で寺が焼け、ここに移された。

姿《すがた》見《み》の橋《はし》
姿見橋
南蔵院

落合蛍《おちあいほたる》

江戸近郊の蛍狩りの名所

【新宿区下落合・高田馬場付近】

田園を駆け回り、笹を振り回して、夜空を舞う蛍を捕まえようとする人々の姿が描かれている。田んぼの畦《あぜ》にかがみ込み、手のひらで蛍を包み込もうとする女。提灯《ちょうちん》を持って駆けだしそうな子ども。頭上の蛍を団扇《うちわ》ではたき落とそうとする人や虫籠《むしかご》を大事そうに抱えている人の姿も見える。大人の男たちは、商売のために蛍を捕る虫売りなのかもしれないが、それにしても楽しげな光景である。蛍を追う人々の笑いさざめく声が聞こえるようだ。

江戸の人々は、四季折々に近郊の野山に出かけて遊ぶことを好んだ。花見や紅葉《もみじ》狩りだけでなく、夏は蛍、秋は虫の音《ね》を求めて郊外に足を延ばした。「落合蛍」の挿絵は、日暮里《にっぽり》（荒川区）の「道灌山聴虫《どうかんやまむしきき》」の絵とともに、江戸の人々の風流さと郊外の自然の豊かさをよく表している。説明文には「蛍狩りは、芒種《ぼうしゅ》（太陽暦の六月五日頃）の後より夏至の頃までを盛りとする」とある。梅雨の晴れ間、夕涼みがてら蛍見物に集まった江戸の庶民。この絵を眺めていると、時間がゆっくりと過ぎていくようで、心がなごむ。

神田川沿いの落合や高田は、江戸有数の蛍の名所だった。いくつもの地誌で紹介され、享保十七年（一七三二）の『江戸砂子《えどすなご》』には「蛍。落合、高田俤《おもかげ》の橋より三町ばかり川上」とあり、文政七年（一八二四）の『武江産物志』には「蛍火《ほたる》。半夏頃より高田、落合、すがたみはし、王子、

田島橋から神田川の下流を眺める

江戸時代の鷹場の名残をとどめる、おとめ山公園

石神井川《しゃくじい》、三崎《さんさき》、蛍沢、関口」とある。『江戸名所図会』は「落合土橋《どばし》」の項に「この地は蛍に名あり、形大いにして光も他に勝《すぐ》れたり。山城《やましろ》の宇治《うじ》、近江《おうみ》の瀬田《せた》にも越えて、玉のごとくまた星のごとくに乱れ飛んで、光景もっとも奇とす。夏月夕涼《かげつせきりょう》多し」と解説する。玉のごとくというのは、数百もの蛍が塊になって飛んでいるのだろうか。蛍合戦《がっせん》で知られ、「数千万匹が川面に群がる」として賞された宇治川、瀬田川よりも見事な眺めというのだから壮観だ。

「落合蛍」が描かれた場所は、現在のJR山手線高田馬場駅から西武新宿線下落合駅にかけて神田川が流れている辺り。高田馬場駅の早稲田口を出て北西のさかえ通り商店街を抜けると、画中の「田嶋橋」の位置に田島橋が架かっている。橋のたもとにある新宿区の説明板に添えられた絵は、『江戸名所図会』の「落合惣図《そうず》」である。江戸時代の落合を鳥瞰で描いたもので、この地が丘陵の麓を流れる川沿いに広がる水田地帯だったことがわかる。

落合という地名の多くは、二つの川が出合う場所を表す。「落合蛍」の絵に「上水川」とあるのは、武蔵野の井《い》の頭《かしら》池を水源にする神田上水で、現在の神田川。神田上水は蛇行しながら上落合村を流れ、下落合村で下井草村から流れてきた妙正寺川（井草川）と合流していた。

「氷川」は下落合村の鎮守の氷川神社のことで、下落合二丁目に現存する。境内の北は目白に続く鼠山《ねずみやま》と呼ばれた高台。江戸時代には、徳川将軍家が鷹狩りをする鷹場になっていた。今では信じられないことだが、江戸近郊の鷹場には丹頂鶴《たんちょうづる》や朱鷺《とき》も飛来したという。一般の立ち入りを禁止した丘は、御留《おとめ》山と呼ばれ、新宿区立おとめ山公園に名を残している。同公園には湧水池があり、蛍の飼育が行われている。近くの薬王院は「落合惣図」にも描かれた古刹。牡丹《ぼたん》の美しい寺として知られ、春は見物客で賑わう。

高く飛をばあまつ星かとあやまつ　游人暮るを待てここに逍遥し壮観とす　夜涼しく人定り風清く月
良院御撰何曾　秋の田の露おもげなるけしきかな　蛍

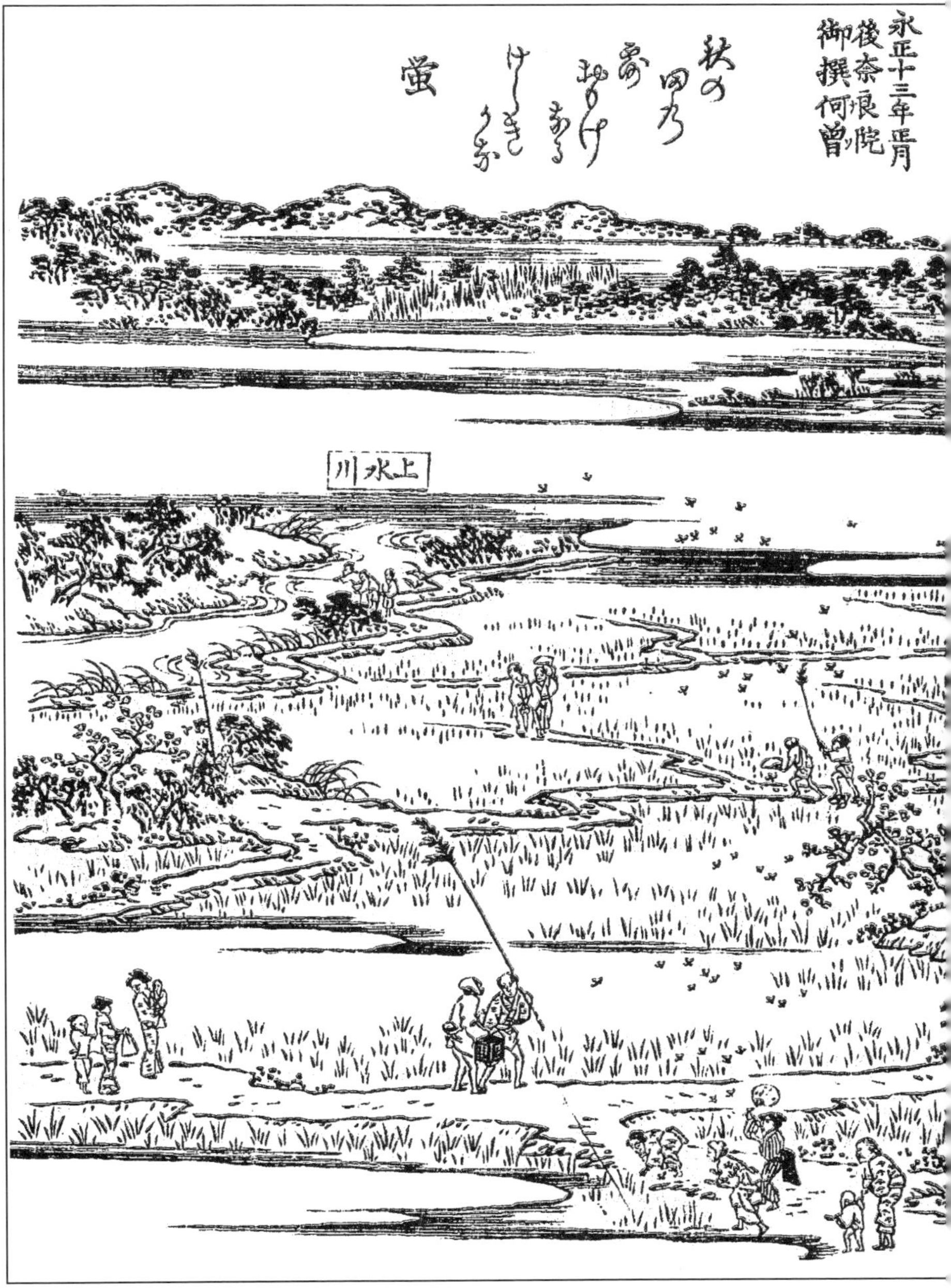

落合蛍　此地の蛍狩は芒種の後より夏至の頃迄を盛とす　草葉にすかるをばこぼれぬ露かとうたがて
朗かなるにをよびて始て帰路をうながさん事を思ひ出たるも一興とやいはん　永正十三年正月　後奈

三宝寺池《さんぽうじのいけ》 弁財天《べんざいてん》 氷川明神《ひかわみょうじん》 石神井城址《しゃくじのしろあと》

道灌に敗れた豊島氏の城跡

【練馬区石神井台一丁目付近】

豊島氏、後北条氏、徳川家の保護を受けた三宝寺

武蔵野台地には、井の頭池や善福寺池など湧き水が溜まってできた池がいくつかあり、石神井《しゃくじい》の三宝寺池もそのひとつ。残念なことに近年、自然の湧き水が失われ、地下水を汲みあげているが、緑豊かな丘に囲まれた池畔は、東京にいることを忘れさせるほど静穏で心が安らぐ。本文の解説に「この池水《ちすい》、（略）洪水に溢《あふ》れず旱魃《かんばつ》に涸《か》れず、（略）数十村の耕田を浸漑《しんがい》し、下流は板橋・王子の辺りを廻り、荒川へ落ち会へり」とある。三宝寺池の水は石神井川に注ぎ、農業用水として流域の村々を潤した。荒川は隅田川のことで、山谷堀《さんやぼり》で合流していた。

石神井の地名は、井戸を掘っていて出土したとも、三宝寺池から出たともいう石剣《せきけん》が神体の石神井明神（石神井神社）を起源とする。『江戸名所図会』は石剣を「上代の古器雷槌《らいつい》などいへる類《たぐい》」という。この辺りには縄文時代の遺跡が多く、石剣は石器だろう。なお、石神井には「しゃくじ」と仮名を振っており、井の読みを省略した呼び方も行われていたようだ。

三宝寺池の名称は、近くの三宝寺に由来する。三宝寺は、室町時代に開創された真言宗の寺で、天皇が国家鎮護を祈願する勅願所のひとつとされ、徳川家康から寺領一〇万石の朱印状を賜った。三代将軍家光が鷹狩りの際に立ち寄ったことから、山門を御成《おなり》門と呼ぶ。

さて、この絵は、三宝寺池を南西の空から見渡している。幾重にも連なる丘に囲まれ、霞の

三宝寺池北側の林の中にある姫塚

彼方まで水面が広がり、雄大と呼べそうな風景だ。誇張も感じられるが、江戸時代の三宝寺池は、現在よりも一・五倍は広かったという。岸から橋を渡る小島の「弁天社」は、厳島神社として今もある。画面右の畑のなかの「氷川神社」も石神井の鎮守として現存する。元々は、中世の石神井城主だった豊島《としま》氏が、大宮の氷川神社を城内に勧請したことに始まるという。

手前の「城山」は、三宝池の南西に位置することから、豊島氏の石神井城址ではなく、現在、早稲田大学高等学院がある高台で、太田道灌《どうかん》が石神井城を攻撃したときに陣を構えたと伝わる愛宕《あたご》山のようだ。石神井城址は、氷川神社の東に位置し、この絵でいえば、同社の上の池の岸から右に連なる丘の一帯だ。丘のさらに右、画面の外には、池の名になった三宝寺がある。

豊島氏は、秩父平氏を祖とし、平安時代後期に豊島郡に進出。鎌倉時代には源頼朝に仕え、平塚城（北区）、練馬城、石神井城などを居城として勢力を誇った。しかし、室町時代、関東管領上杉顕定《あきさだ》の家臣、長尾景春《かげはる》が主家に反旗を翻すと、豊島氏は景春に味方し、上杉方の河越《かわごえ》城（川越市）と太田道灌のいる江戸城を結ぶ道を分断する。道灌は豊島氏を攻撃。両者は江古《えご》田原沼袋《たはらぬまぶくろ》で戦い、道灌が勝利する。豊島泰経《やすつね》は居城の石神井城に引き上げるが、追撃を受けて落城。泰経はその後、平塚城、小机《こづくえ》城（横浜市）と転戦したが、敗れてしまった。

『江戸名所図会』や『新編武蔵風土記稿』は、三宝寺池の北の丘の上に「照日《てるひ》塚」があり、三宝寺の住職の照日上人の墓ではないかという。それが近代になり、姫塚とされるようになったのか、石神井城が落城したとき、照日姫または照姫というお姫様が、三宝寺池に身を投げたという伝承が生まれた。近年、毎年春には練馬区の後援で区民による照姫まつりが開催され、三宝寺池の東にある石神井池の周辺を華やかな武者行列が練り歩く。

三宝寺池《さんぼうじのいけ》
辨財天《べんさいてん》
氷川明神《ひかはみやうじん》
石神井城址《しやくじいのしろあと》

石神井川の

平林寺《へいりんじ》大門、平林寺《へいりんじ》

野火止用水が流れる緑豊かな境内

【新座市野火止三丁目付近】

160頁の絵の手前を横切る道は、江戸の板橋宿と川越を結ぶ川越街道で、正面に真っすぐ延びている並木道は、平林寺の総門に至る参道だ。大小二本の刀を差した武士も笈《おい》を背負った巡礼も、町人と僧形の二人組の旅人も、街道を行き交う人はみんな、遥か彼方まで続く参道を見て、この寺の壮大さに驚き、「金鳳《きんぽう》山平林禅寺」と刻まれた山号碑を見上げている。

埼玉県新座《にいざ》市野火止《のびどめ》の平林寺は、一三万坪という広大な境内林を有す武蔵野屈指の巨刹。旧川越街道と平林寺大門通りの野火止大門交差点には、今も山号碑が立っているが、平林寺の総門は、そこから一・五キロ先。「大門」の絵でいえば、参道のずっと奥、道が見えなくなる直前の右側にある。俯瞰図で示すと、163頁の絵の左下の参道に面して建っているのが総門。総門から仏殿、中門、本堂と一直線に並んだ伽藍配置が、禅宗の大寺院の風格を感じさせる。

平林寺は、南北朝時代の永和元年（一三七五）、鎌倉建長寺の石室《せきしつ》和尚を開山として武蔵国埼玉郡《ごおり》岩付《いわつき》（さいたま市岩槻《いわつき》区）に創建された。室町時代には岩付城主太田氏の庇護を受け、戦国時代には小田原の北条氏に保護されるが、秀吉の小田原攻めの際、岩付城の落城とともに寺は焼けてしまう。しかし、徳川家康が関東に入国すると、五〇石の寺領を賜り、鉄山《てつざん》和尚が住持になって中興。家康側近の大河内《おおこうち》氏が檀家になり、寺運は隆盛する。

金鳳山の額を掲げる総門

境内を流れる野火止用水

大河内久綱《ひさつな》の子、松平信綱《のぶつな》は、幼い頃から才気煥発で、三代将軍家光の小姓《こしょう》から小姓組番頭を経て老中、忍《おし》藩主へと出世した。聡明な信綱は、「知恵出《い》づ」という言葉と官職の伊豆守《いずのかみ》を掛けて、「知恵伊豆《ちえいず》」と呼ばれた。さらに、島原の乱を鎮圧した功で六万石の川越藩主になり、承応二年（一六五三）には、玉川上水の開削工事の惣奉行《そうぶぎょう》を務める。その際、信綱は、玉川上水から分水して、川越藩領の野火止新田に用水を引くことを幕府から認められた。

信綱は、臣下の安松《やすまつ》金右衛門を普請《ふしん》奉行に任命。金右衛門は、わずか四〇日で小川村（小平市）から新河岸川《しんがしがわ》の岸（志木市）まで約二五キロを開削し、野火止用水を完成させた。

「平林寺大門」の絵で、川越街道の脇を流れている水路は、野火止用水である。小川村で玉川上水から分かれた水は北東に向かい、野火止の大地を潤し、農民の生活水になった。『新編武蔵風土記稿』は、玉川上水と野火止用水の水量の配分について、「七分《ぶ》は江戸に通じ、三分は信綱へ賜り、領内へそゝげり」と記している。三分はかなりの割合だ。水不足で困窮を極めていた野火止の農民たちは、信綱に感謝し、野火止用水を「伊豆殿堀《いずどのぼり》」と呼んだという。

野火止用水と平林寺の関係は深い。野火止用水がなければ、平林寺も、この地にはなかったはずである。信綱は、野火止用水を開削する以前、大河内松平家の菩提寺であった平林寺を岩槻から野火止に移転しようとしたが、水がない所へは移れないと住職に断られたという。

寛文三年（一六六三）、二代藩主の輝綱《てるつな》は、父の志を継ぎ、平林寺を野火止へ移す。用水は、平林寺の境内に引き込まれ、寺の生活水や庭園の池に使われた。絵を見ると、庫裡《くり》の前、鐘楼《しょうろう》と仏殿の間、総門右手の参道沿いなどに水路が描かれている。今も広い境内には、『江戸名所図会』所載の九十九《つくも》塚（野火止塚）や業平《なりひら》塚などの旧跡もあり、林間の散策が楽しい。

平《へい》林《りん》寺《じ》大《だい》門《もん》

庫裡
平林寺《へいりんじ》

新田義貞が旗を立てたと伝えられている将軍塚

将軍塚《しょうぐんづか》 徳蔵寺《とくぞうじ》

新田義貞と鎌倉幕府軍の古戦場

【東村山市諏訪町一〜二丁目・所沢市松が丘付近】

なだらかな稜線を見せる山を八国山《はちこくやま》と呼び、その中腹に「将軍塚」が描かれている。八国山は狭山丘陵の東端に位置し、『江戸名所図会』の本文は「駿河、伊豆、相模、甲斐、信濃、上野《こうずけ》、下野《しもつけ》、常陸《ひたち》等の八国の遠嶂《えんしょう》（遠くの高い山の意味）を一望に覧《み》るゆゑにこの名あり」という。右手前のこぢんまりとした寺が、江戸初期の開山と伝わる徳蔵寺。門前の道は、川を二本渡り、将軍塚に続いている。手前の川を前川、奥を北川といい、どちらも左（南西）から右（北東）に流れている。二本の川は画面の外で合流し、八国山の北側を流れてきた柳瀬《やなせ》川に注ぐ。この辺りは、鎌倉幕府を倒した新田義貞《よしさだ》が、幕府軍と激戦を繰り広げた久米川《くめがわ》の古戦場である。

久米川の地は、古来、関東の北と南をつなぐ交通の要衝だった。奈良時代には上野国から武蔵国府に至る東山道武蔵路《とうさんどうむさしみち》が通り、鎌倉時代には北関東と鎌倉を結ぶ鎌倉街道上ノ道《かみのみち》が通っていた。東山道武蔵路は、幅が一二メートルもある直線の道で、八国山の尾根を越えていた。平安時代、多摩郡《ごおり》と入間《いるま》郡の境に、旅人を救護する悲田処《ひでんしょ》が設けられたというが、その所在地は明らかになっておらず、徳蔵寺の付近や八国山北麓の入間郡久米《くめ》（所沢市）などとする説がある。一方、鎌倉街道は徳蔵寺の東側を南北に通り、久米川（東村山市）には宿駅があった。

元弘《げんこう》三年（一三三三）、上野国新田荘《にったのしょう》（群馬県太田市）で討幕の兵を挙げた新田義貞は、鎌

臨済宗徳蔵寺の山門と板碑保存館

倉街道を南下する。南北朝時代の軍記物語『太平記』によると、五月八日朝、生品《いくしな》明神で挙兵したとき、義貞たちは一五〇騎に過ぎなかった。しかし、その日の夕方、越後から二千騎が駆け付け、信濃、甲斐の源氏勢も集まって五千騎になる。武蔵国に進軍すると、上野、下野、常陸、武蔵の兵が集まり、二〇万七千余騎に達したという。『太平記』は、関東平野を進む大軍を流麗な文体で描写している。「四方八百里に余れる武蔵野に、人馬とも充満して、身を峙《そばだ》つるに処《ところ》なし。打ち囲みたる勢なれば、天に飛ぶ鳥も翔《かけ》る事を得ず、地を走る獣《けだもの》も隠れんとするに処なし。草の原より出づる月は、馬鞍《うまくら》の上にほのめき、冑《よろひ》の袖《そで》に傾けり」

五月十一日、小手指原《こてさしはら》（所沢市）で合戦が始まった。日が暮れても決着がつかず、互いに三里下がり、義貞軍は入間川（狭山市）、鎌倉軍は久米川に陣を置く。翌十二日、久米川の合戦で、義貞軍が勝利し、鎌倉軍は分倍河原《ぶばいがわら》（府中市）に退く。義貞は久米川に陣を置き、人馬を休めた。十五日、鎌倉幕府が援軍を送ったことを知らない義貞は、分倍河原の鎌倉軍を攻撃して敗れ、入間郡堀兼《ほりかね》（狭山市）まで退却する。『太平記』は、そのとき、幕府軍が追撃していれば、義貞は討ち死にしただろうという。

翌十六日早朝、義貞軍は、分倍河原の幕府軍に静かに近づき、急襲。敵を援軍と思って油断していた幕府軍は、大敗を喫し、関戸（多摩市）から鎌倉を目指して落ちていった。

八国山の将軍塚は、義貞が久米川に陣を置いたとき、旗を立てた場所といわれている。現在、徳蔵寺の板碑《いたび》保存館にある元弘の板碑は、分倍河原と相州村岡（藤沢市）の戦いで討ち死にした武将三人の供養塔で、太平記の記述を裏付けるものとされる。将軍塚の近くに建っていたが、江戸後期、徳蔵寺に移された。挿絵では本堂の裏に、その碑が描かれている。

将軍《しやうぐん》塚《つか》
徳《とく》蔵《ざう》寺《じ》

將軍塚

木々が鬱蒼と茂る、柳瀬川の曼荼羅淵付近の流れ

曼荼羅淵《まんだらふち》

河童の伝説がある秋津の柳瀬川

【所沢市北秋津・東村山市久米川五丁目付近】

渓流に架けた簡素な板橋を、背負子《しょいこ》を担いだ親子が渡ってくる。橋のたもとには杖を突き、笠の前を上げて川の上流を眺める漂泊の俳人のような姿の男が立つ。対岸には民家があり、牛の背に乗った農夫が見える。遠方から流れてきた水は、浅瀬で中州をつくり、橋の下をくぐり、崖下の淵で渦を巻く。峨々たる山容の山こそないが、この絵はまるで、山水画の世界だ。

絵の右上の建物には、持妙院（持明院）と記されている。曼荼羅淵は、寺の崖下の淵を指すようだ。絵に添えられた説明には、日蓮《にちれん》上人が佐渡に流されたとき、この地を通り、川の水で曼荼羅を描いたとある。文永八年（一二七一）、日蓮は鎌倉街道上ノ道で佐渡に向かった。鎌倉街道を横切るこの川は、柳瀬《やなせ》川である。柳瀬川は狭山丘陵の狭山湖（山口貯水池）に源を発し、隅田川支流の新河岸《しんがし》川に注ぐ。上流部のこの辺りでは、久米《くめ》川とも呼ばれた。

川のこちら岸は多摩郡南秋津《あきつ》村（東村山市）、向こう岸は入間《いるま》郡北秋津村（所沢市）。古くは秋津村一村だったというが、江戸時代初期には村は南北に分かれていた。現在は、東京都と埼玉県の境。曼荼羅淵の少し上流を西武新宿線の線路が横切っており、所沢駅と東村山駅の間の車窓から、柳瀬川の流れと岸の緑を一瞬見ることができる。

『新編武蔵風土記稿』は、秋津という地名について、平安時代、公卿の文室《ふんやの》秋津が武蔵介《むさしのすけ》と

柳瀬川を渡る西武新宿線の電車

して赴任したときについたのではないかというが、定かではない。江戸時代には、南北秋津村とも幕領で、南秋津村は川沿いの低地に水田があり、北秋津村の農地はすべて畑だった。

北秋津村の持明院は、淵上山と号す真言宗の寺で、本尊は不動。創立年は未詳だが、弘法大師真筆の華厳経を伝えているという。境内にある阿弥陀堂（曼荼羅堂）の本尊も弘法大師の作という。寺は今も曼荼羅淵に面しているが、岸に竹が茂り、川を見渡すことはできない。

曼荼羅淵という地名の起源について、『江戸名所図会』とは異なる説が『所沢市史　社寺』に収録されている。宝暦六年（一七五六）、持明院の和尚が書いた「久米《くめの》曼荼羅堂本尊宮殿《くうでん》造営化縁《ぞうえいけえん》之記」によると、弘法大師が奥州遊行の折にこの地に至り、木の下に宿ると、夜中、淵から青龍《せいりゅう》が現われ、一軸の萬多羅《まんだら》（曼荼羅）を大師に授けた。大師が受け取ると、青龍は如来《にょらい》になり、大師に衆生《しゅじょう》の教化に励むよう告げて去る。大師は阿弥陀如来像を彫り、小さな堂を建てて萬多羅とともに安置し、堂を萬多羅堂、淵を萬多羅淵と名づけたという。

時代は下り、秋津の曼荼羅淵には河童《かっぱ》が棲んでいるという伝承があり、『所沢市史　民俗』に「河童のわび証文」という昔話が紹介されている。

曼陀羅淵の河童は、毎年中元に、笹井（狭山市）の竹坊、伊草（比企郡川島町）の袈裟《けさ》坊という河童に、人間のはらわたを持っていくことになっていたが、人々が恐れて川に入らないため、河童は進物の支度ができず困っていた。ある日、久米（所沢市）の馬子が川岸に馬をつないでいると、突然、馬がいなないた。馬子が駆けつけると、河童が馬の腹に食いついている。捕まった河童は、持明院のお坊さんに説教され、今後、悪いことはしないという証文を渡し、許してもらったという。しかし、河童は性懲りもなく、その後も悪さをしたとも伝えられている。

持妙院

曼荼羅淵
日蓮上人佐州配流の時此川水を以て曼荼羅を書し給ふといふ

曼荼羅淵　日蓮上人佐州配流の時此川水を以て曼荼羅を書し給ふといふ

山口観音《やまぐちかんのん》

行基、弘法の縁起を伝える狭山丘陵の古刹

【所沢市上山口付近】

行基作の千手観音を本尊とする山口観音本堂

挿絵には小高い丘の林の中に、本堂、通夜堂、地蔵堂、閻魔《えんま》堂、鐘楼などの堂宇が散在している。麓には仁王門や弁天を祀った池があり、石段を上ると、宝暦十二年（一七六二）造営の本堂が建つ。人里離れた山寺のようだが、門前には茶屋もあり、多くの参詣者の姿がある。

狭山《さやま》丘陵の金乗院《こんじょういん》は、現在も山口観音と呼ばれて親しまれている。チベット仏教のマニ車《ぐるま》や中国風の八角五重塔があるエキゾチックな寺だが、堂宇の配置には、この絵の面影が感じられる。すっかり様変わりしたのは、寺の周囲だ。山口観音は山の寺から湖畔の寺になった。この絵は、北側の上空から俯瞰して描いている。今、同じように見渡せば、寺の裏山越しに多摩湖（村山貯水池）が見えるはず。右手には、狭山湖（山口貯水池）の水面も広がっている。

『江戸名所図会』の本文に「山口観音堂、北野村より西南の方、半道《はんみち》ばかりを隔てて新堀《にいぼり》村にあり。吾庵山《ごあんざん》金乗院真光寺《しんこうじ》と号す。真言宗江戸大塚護国寺《ごこくじ》に属せり。弘法大師をもって開祖と称す」とある。さらに、新堀村の説明として「狭山の北の方、入間《いるま》郡に接する地の惣名《そうみょう》を山口と号す。土俗いふ、この地は山口平内左衛門といひし人の城跡なりと」と添えられている。

北野村は、所沢の古社、北野天神社の周辺。半道は一里の半分の約二キロ。山口という地名は古く、中世の武士団、武蔵七党のひとつ村山党の山口氏の名字になった地で、所沢市山口字児

新田義貞が戦勝を祈願したと伝わる山口観音。境内に義貞霊馬堂がある

泉に、山口氏が居館とした山口城跡が遺されている。山口氏は、鎌倉時代、源頼朝に従って御家人になり、戦国時代には小田原の北条氏に従って滅びたという。江戸時代初期、山口は五つの村に分かれたが、総称として使われ、新堀村の観音堂は、山口観音と呼ばれた。

狭山も広域地名で、『江戸名所図会』には「粂村《くめ》より発《おこ》りて、西の方、箱根崎《はこねがさき》までおよそ三里に余れる連岡《れんこう》をいふ」とある。狭山という地名の起源は諸説あり、今では入間川流域に狭山市が存在するが、昔の人は一般に東西約一二キロのこの丘陵地帯を狭山と呼んでいたようだ。

山口観音は、縁起によれば、奈良時代の行基《ぎょうき》、平安時代の弘法大師の二人の名僧が起源に関わっている。行基が諸国を巡っているとき、この地に至ると、樹林から千手陀羅尼《せんじゅだらに》（千手観音の功徳を述べた呪文）を唱える声が聞こえてきた。奇異に思っていると、よい香りが漂い、樹上に不思議な光が輝き、千手観音が現れた。行基は、その霊樹を伐り、観音像を彫って安置する。後日、弘法大師が出羽の湯殿山に向かう途中、この地を通りかかると、年老いた男が来て、行基の造った霊像が山中に放置してあるから堂を建てるようにと告げて消えた。老翁の言葉に従った大師は、山中で千手観音と脇士《きょうじ》二尊を得て、草堂を建てたという。

また、元弘三年（一三三三）、鎌倉幕府に対して兵を挙げた新田義貞が、久米川に陣を構えたとき、観音に軍功を祈ると、その夜の夢に馬に乗った千手観音が現れ、手に持つ弓箭《ゆみや》を義貞に与えた。夢から覚めた義貞は、桜の枝を策《むち》にして、分倍河原の合戦に向かったという。

なお、山口観音に隣接する狭山山不動寺、通称、狭山不動は、昭和五十年（一九七五）建立の新しい寺だが、東京・芝の増上寺《ぞうじょうじ》にあった台徳院《たいとくいん》（二代将軍秀忠）霊廟《れいびょう》の勅額門《ちょくがくもん》、御成門《おなり》、丁子門《ちょうじ》はじめ貴重な歴史的建築物が数多く移築されており、訪れる価値は十分ある。

本堂
真光寺
通夜堂

山口《やまぐち》観音《くわんおん》
二王門
弁天

山口《やまぐち》岡《のおか》

ダム湖に沈んだ狭山の谷戸を望む

【所沢市上山口・勝楽寺付近】

村山貯水池の西部、石川の谷にあった慶性院の山門

見晴らしのよい丘の上を歩いていくのは、小ぎれいな服装からみて、地元の農民ではなく、町からやって来た人々のようだ。一行の足取りは軽く、先頭の坊主頭の男は笑い、並んで歩く男も煙管《きせる》をくわえて余裕の表情。女たちは着物の裾をからげ、頭には手ぬぐいで塵除《ちりよ》けの姉《あね》さん被り、日傘を差している者もいる。後から来る下男だけが、弁当や酒を担いで重そうだ。

中世の頃、所沢市の南西部を山口郷といい、狭山丘陵の北部を山口の岡と呼んだ。江戸時代、狭山丘陵には、山口観音堂、勝楽寺《しょうらくじ》という二つの古刹があったが、この一行は寺めぐりか、それともたんに野山の散策を楽しんでいるのか。『新編武蔵風土記稿』によると、山口観音堂がある新堀村《にいほりむら》（所沢市上山口）は、川越から四里、江戸から八里余。勝楽寺村はさらに遠く、川越から五里、江戸から一〇里。二つの寺以外、これといって見どころのなさそうな山口の岡だが、ほかにも歩いている人たちの姿があるところを見ると、人気の行楽地だったようだ。

路傍の松の根元では樵《きこり》が火を焚き、一服している。背後に薪の束《たば》が見える。『新編武蔵風土記稿』では、狭山丘陵の東麓に位置する南秋津村の項に、「農務の暇には男は薪をきり出し、女は蠶《かいこ》を以て少《すこ》く生産を資《たす》く」とある。多摩丘陵や狭山丘陵では農夫が副業として木を伐り、江戸や近郊の町に薪と炭を出荷した。丘を見回すと、若松のような木が多いが、薪炭林《しんたんりん》は一〇

湖底の村広場から眺める多摩湖（村山貯水池）

年ほど育てて手ごろな太さになると伐採した。見晴らしがよいのは、大木がないためだ。

狭山丘陵は武蔵野に取り囲まれた島のような丘陵地帯。標高は一五〇《メートル》前後で、周辺より五〇《メートル》ほど高い。丘陵の内部に柳瀬川や北川の源流があり、谷戸が発達し、いくつもの集落が存在した。その地に明治の末、東京の水道水を拡充整備するため、ダムを造って多摩川の水を溜める計画が持ち上がる。大正になると建設工事が始まり、昭和二年（一九二七）に村山貯水池（多摩湖）、昭和九年（一九三四）に山口貯水池（狭山湖）が完成した。それぞれの貯水池の名称は、狭山丘陵南部の村山郷、北部の山口郷の地名にちなんでいる。

この絵の一行が歩いている背景の地形は、丘に囲まれた盆地になっている。そこに田畑が広がり、集落が点在している。ダムの底に沈んだ村々が描かれているのだろう。東大和市発行の『多摩湖の原風景』を読むと、谷戸の外に移転した人々は、水不足や畑の土を吹き飛ばす春先の強風に悩まされている。それまで住んでいた谷戸は、水に恵まれ、風も穏やかで暮らしやすかったのだ。狭山丘陵奥の谷戸の村というと隠れ里のようだが、丘を越えて人々の交流があり、村人は所沢の六斎市《ろくさいいち》や北野天神社の祭りなどに出かけて楽しんでいたという。

山口貯水池の場所には、勝楽寺《しょうらくじ》村があった。村名のもとになった辰爾山仏蔵院《しんにさんぶつぞういん》勝楽寺は、古代に朝鮮半島から渡来した王辰爾《おうしんに》一族の創建と伝えられ、中世には鎌倉将軍の祈願所で大伽藍だったという。戦国時代に荒廃したが、江戸時代には『江戸名所図会』に挿絵が載るほどの寺だった。その絵を眺めると、本堂はそれほど大きくないが、丘の上に七社権現、麓に阿弥陀堂、池の島には地蔵堂や聖天の祠《ほこら》があり、境内を巡ると面白そうな寺である。残念なことに勝楽寺は狭山丘陵を離れ、山口城跡（所沢市上山口）の東に移転した。仏蔵院が、それである。

やまとちの山口岡

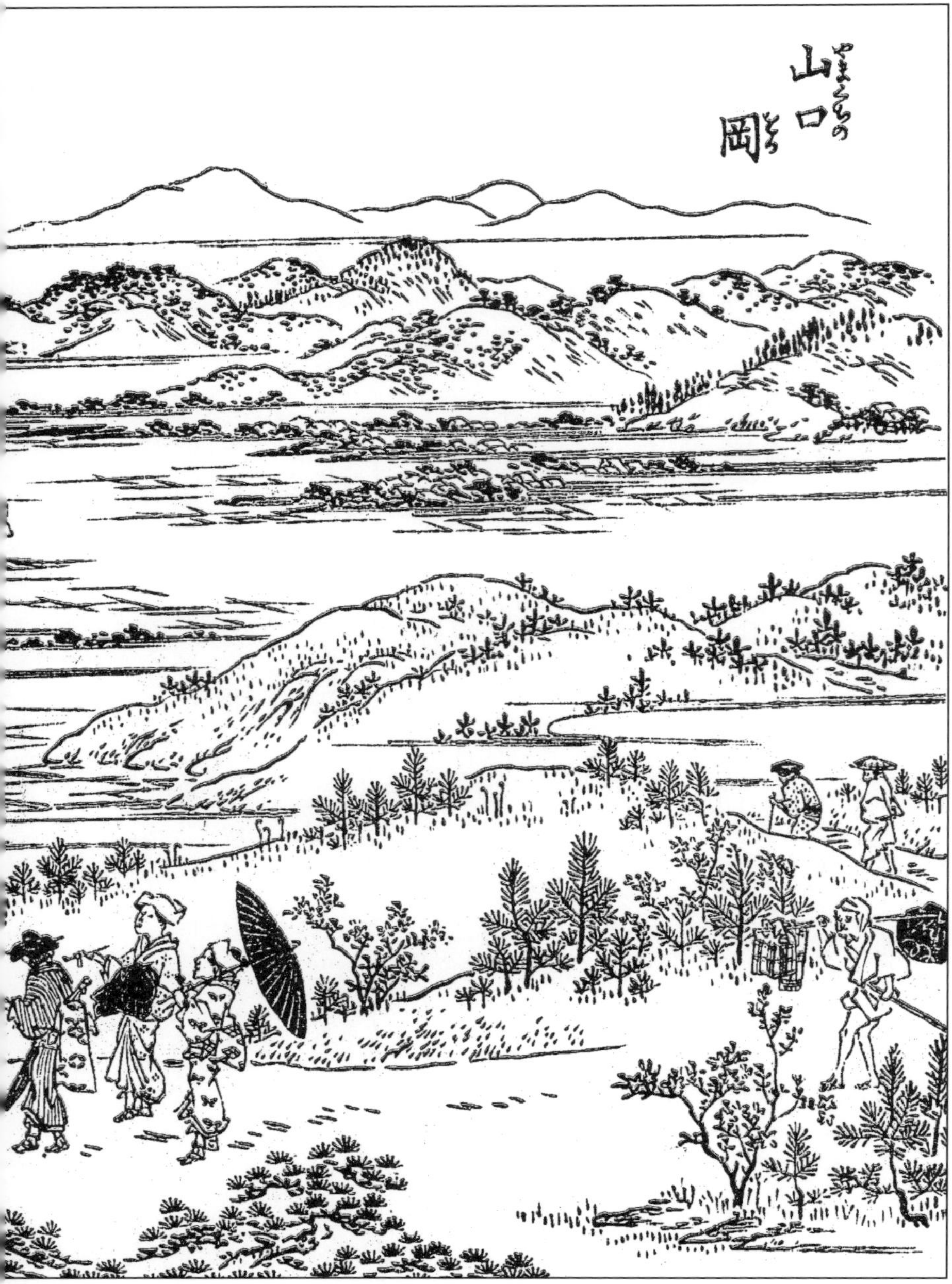

おわりに

『江戸名所図会』は、寛政年間（一七八九～一八〇一）、雉子町《きじちょう》（千代田区神田司町）の町名主《まちなぬし》、斎藤幸雄《ゆきお》（号は長秋《ながあき》）が制作に着手した。安永九年（一七八〇）、京で出版された地誌『都《みやこ》名所図会』（秋里《あきざと》籬島《りとう》著、竹原春朝斎《しゅんちょうさい》画）に影響を受けたという。

幸雄が亡くなると、家督を相続した幸孝《ゆきたか》（県麿《あがたまろ》）が『江戸名所図会』編纂《へんさん》の遺志を継ぐ。さらに孫の幸成《ゆきなり》（月岑《げっしん》）が引き継いで完成させ、天保五年（一八三四）に三巻十冊、天保七年（一八三六）に残りの四巻十冊を出版した。親子三代の執念が実ったのである。

出版当初から何よりも評価されたのは、長谷川雪旦《せったん》が描いた細密で生気あふれる挿絵の見事さだ。『南総里見八犬伝』を書いた江戸の文豪、曲亭馬琴《きょくていばきん》は『江戸名所図会』が発行されたとき、父祖三世四〇年に及ぶ著述と編集の苦心を評価しつつも「江戸名所図会はその功、編者は四分にして、その妙は画に在り、遠境の婦女子の大江戸の地を踏むに由なきには、これにます玩物あるべからず。（中略）この画工雪旦は、予《よ》も一面識あれども、かかる細画はいまだ観《み》ざりき。縦《たとい》北斎に画《か》かするとも、この右に出ることかたかるべし」（『異聞雑稿』）と記し、雪旦の絵は天才浮世絵師の葛飾北斎にも勝ると絶賛した。

幸孝と雪旦は『江戸名所図会』の現地調査と写生のために一緒にあちこち出かけており、挿絵の所々に二人の姿を描いたのではないかと思われる人物が登場しているのも興味深い。馬琴は挿絵について、「雪旦の画は佳といへども、郊外の寺院は、皆細画にて相似たるも多かれば、目さきかはらず飽くここちす」と批判もしているが、現代の私たちにすれば、高層建築も飛行機も存在しない江戸時代に、深大寺や平林寺などの大寺院を、どこからどのように眺めて正確な鳥瞰図を描いたのか、不思議でならない。

『江戸名所図会』の刊行で成功した月岑は、天保九年（一八三八）、同じく雪旦の挿絵で『東都歳事記《とうとさいじき》』という江戸の年中行事を紹介する四巻五冊の書を刊行しており、私たちは二人の共同作品をもうひとつ楽しむことができる。

私は、分冊百科に歌川広重の浮世絵『名所江戸百景』の解説を連載した際に、江戸の風景画と出合い、以来、風景画のみならず、江戸の文化の魅力にすっかり引きつけられてしまった。

本書で取り上げた名所の多くは何度も訪れている場所だが、『江戸名所図会』を熟読玩味し、雪旦の挿絵を眺めながら再訪すると、江戸時代に旅をしている気分になり、楽しい時を過ごすことができた。

なお、執筆にあたり、江戸時代の文献とともに東京西部の区史と多摩地域の市史が大変参考になった。地道な事業を成し遂げた区史・市史の編纂者に敬意を表すとともに、蔵書をふんだんに貸し出してくださる地元日野市の図書館に感謝します。

二〇一三年一月

重信秀年

【主な参考文献】

『江戸名所図会』 斎藤幸雄・幸孝・幸成編　長谷川雪旦画　博文館　1893
『新訂 江戸名所図会』 市古夏生・鈴木健一校訂　筑摩書房　1996
『江戸名所図会事典』 市古夏生・鈴木健一編　筑摩書房　1997
『原寸復刻 江戸名所図会』 石川英輔著　田中優子監修　評論社　1996
『定本 武江年表』 今井金吾校訂　筑摩書房　2003
『大日本地誌大系 新編武蔵風土記稿』 蘆田伊人編集・校訂　雄山閣　1957
『甲州道中分間延絵図』 児玉幸多監修　伊藤好一解説　東京美術 1978,84
『武蔵名勝図会』 片山迪夫校訂　慶友社　1975
『江戸砂子』 菊岡沾涼著　小池章太郎編　東京堂出版　1976
『江戸名所花暦』 岡山鳥著　長谷川雪旦画　今井金吾校注　八坂書房　1994
『近世風俗志（守貞謾稿）』 喜田川守貞著　宇佐美英機校訂　岩波書店　1996
『嬉遊笑覧』 喜多村筠庭著　長谷川強・江本裕・渡辺守邦ほか校訂　岩波書店　2002
『日本名所風俗図会　江戸の巻』 角川書店　1979
『日本歴史地名大系 東京都の地名』 平凡社　2002
『本朝食鑑』 島田勇雄訳注　平凡社　1976~81
『和漢三才図会』 島田勇雄・竹島淳夫・樋口元巳訳注　平凡社　1985~91
『江戸の自然誌『武江産物志』を読む』 野村圭佑　どうぶつ社　2002
『大田南畝全集』 濱田義一郎ほか編　岩波書店　1985
『遊歴雑記初編』 朝倉治彦編訂　平凡社　1989
『江戸近郊道しるべ』 朝倉治彦編注　平凡社　1985
『続燕石十種』 国書刊行会
『誹風柳多留』 山澤英雄校訂　岩波書店　1995
『新編日本古典文学全集 太平記』 長谷川端校注・訳　小学館　1998
『江戸時代 人づくり風土記 大江戸万華鏡　東京』 牧野昇他監修　農山漁村文化協会　1991
『江戸の絵師 雪旦・雪堤 その知られざる世界』 東京都江戸東京博物館　1997
『ものと人間の文化史 木炭』 樋口清之　法政大学出版局　1993
『多摩の里山「原風景イメージ」を読み解く』 パルテノン多摩　2006
『現代語訳「蕎麦全書」伝』 日新舎友蕎子著　新島繁校注　藤村和夫訳解　ハート出版　2006
『江戸釣術秘傳』 小田淳現代語訳　叢文社　2001
『ものと人間の文化史 鮎』 松井魁　法政大学出版局　1986
『江戸名所図会でたどる新宿名所めぐり』 新宿歴史博物館　2000
『四谷大木戸水道碑記』 東京都水道局新宿営業所　2011
『井の頭公園』 前島康彦　東京都公園協会　1995
『名勝小金井 桜絵巻』 小金井市教育委員会　1998
『見学ガイド 武蔵国分寺のはなし』 国分寺市教育委員会　2010
『新版 武蔵国府のまち 府中市の歴史』 府中市教育委員会　2006
『甲州街道 府中宿 府中宿再訪展図録 改訂』 府中市郷土の森博物館　2008
『神道大系 神社編 17 武蔵国』 神道大系編纂会編　竹内秀雄校注　神道大系編纂会　1978
『官幣小社大國魂神社略誌』 大國魂神社社務所　1942
『関戸合戦 多摩市関戸に残る中世の伝承とその背景』 パルテノン多摩　2007
『武蔵国一之宮 多摩市一ノ宮小野神社の変遷』 パルテノン多摩　2005
および関係各市・区の「市史」「区史」

＊画像は国立国会図書館のデジタル化資料より転載

重信　秀年（しげのぶ　ひでとし）
1961年広島市生まれ。早稲田大学第二文学部日本文学専修卒。高校時代は山岳部、大学時代は探検部に所属。高校教諭（国語科）、広告制作会社（コピーライター）を経て、フリーランスのライターになる。東京都日野市在住。
著書に『関東 楽しく歩こう！ ウォーキングコースガイド』『自然を楽しむ多摩 緑の散歩道』（メイツ出版）など。

『江戸《えど》名所《めいしょ》図会《ずえ》』でたずねる多摩

2013年2月1日　第1刷発行

著　者　重信秀年
発行者　清水　定
発行所　株式会社 けやき出版
東京都立川市柴崎町 3-9-6 〒190-0023
TEL 042-525-9909 FAX 042-524-7736
http://www.keyaki-s.co.jp

協　力　株式会社 博文館新社
印刷所　株式会社 サンニチ印刷

ISBN978-4-87751-487-7 C0025